ルーツ

小宮良之　木崎伸也　出村謙知　慎 武宏＝著

角川SS Communications

目次

クリスティアーノ・ロナウド
ポルトガル／マデイラ島

Madeira, Portugal

文／小宮良之

写真／鈴井智彦

泣き虫の勇者

少年は泣き虫だった。試合に勝った後も、負けた後も、よく泣いた。あるいはピッチでボールを蹴りながら、涙にむせぶことも少なくなかった。

そこである日、気になったコーチが彼に尋ねた。

「おい、なんでお前はそんなに泣き虫なんだい？」

返ってきたのは長い沈黙だった。少年はただ、鋭い視線で虚空を睨んでいた。決意に満ちた表情は、無垢な子供のものとは思えなかった。

イベリア半島から南西へ約１０００キロ、大西洋に浮かぶポルトガル領マデイラ島。第二次世界大戦までに数万人が南アフリカへ移住し、島は貧困にあえいでいた。だが、観光業の活性化が歴史を変えた。

岩に囲まれ、砂浜がないせいで栄えなかった常夏の島は、プール付き豪華ホテルを完備すると、避寒地として一気に注目され始める。観光客はタチウオやトロピカルフルーツに舌鼓を打ち、ゴルフやマリンスポーツに興じるようになった。

1985年2月5日、少年は5人兄弟の末っ子として、その島で生まれた。その経歴は、まばゆい。

17歳。ポルトガルの名門スポルティング・リスボンでトップデビュー。「ポルトガルのロナウド」と、一躍注目の的に。

18歳。マンチェスター・Uに伝統の背番号7を用意されて移籍し、FAカップ優勝。

19歳。ポルトガル代表としてEURO2004に出場し、決勝進出の立役者に。大会後、ベストイレブンに輝く。英雄フィーゴの代表引退以降、地元紙は後継者に据える。

少年は島の英雄になった。今や、世界で最も有名なマデイラ人である。

クリスティアーノ・ロナウド・ドス・サントス・アベイロ。

異名は〝マシンガンをぶっ放す蝶〟。ドリブルのステップは軽やかだが、それに魅入られればDFは撃ち殺される。ロナウドという少年の名は、21世紀の蹴球界を担うスターとして欧州全土に轟いた。ただ、泣き虫ぶりは変わらない。

「EURO2004決勝で、ロナウドが涙で目を腫らすのを見て、〝変わってないな〟と思わず苦笑したよ。あの光景は、彼の少年時代そのものだったから」

ポルトガル1部リーグに所属するナシオナル・マデイラのジュニアコーチ、アントニオ・メンドーサは回想する。

ロナウドが9歳の時だ。彼は所属先を、地元アマチュアクラブのアンドゥリーニャから、プロクラブのナシオナルに鞍替えしている。

〝移籍金〟はスパイク200足とボール10個。スパイクもボールも新品と中古が混ざっていた。アンドゥリーニャはもう一つの地元の雄、マリティモと半ばサテライト契約を結んでいたから、ロナウドは本来はマリティモに入団すべきだったが、ナシオナルが父親を説得して契約書にサインさせたのだ。

1995年から1997年までの2シーズン、ロナウドは島の名門ナシオナルでプロ選手となるための一歩を記している。

「信じられないかもしれないが、ロナウドは10歳ですでに大人だった」

アントニオは、そう切り出す。

「一人の男として自立しているように見えたね。自分の道というのをすでに自覚していて、子供特有の隙がなかった。いつも神経をとがらせ、雰囲気を読むのもうまかったよ。こういう状況ではこの言動は控え、今はチームを盛り上げるために声を上げる、そういうのを感覚的に知っていた。学校の勉強は不得意だったが、その意味ではとても賢かった。だから、チームメイトも彼に心酔するようになっていった」

少年はすでにフットボールを生業にしているようだった。だから、5、6歳年上の選手にも果敢に挑んだ。そうすることで、自分の技術も上達すると。

ただ、空気が読めない愚か者ではなかった。例えば、EURO2004では分をわきまえ、フィーゴやパウレタという先輩を立てたように、昔から年上との付き合いに長けていた。彼は男の子というよりすでに男だった。

しかし、〝育ての親〟は少し寂しそうに言う。

「フットボールの神が彼を選んだなんていう人がいる。けれど私はね、ロナウドがフットボールを選んだからこそ、今のようになれたと思っているんだ。彼を見ていると少し切なくなる時もあったけど、逞しくも見えた。これは推測に過ぎないが、涙は子供としての自分を取り戻す手段だったのではないか。心と体のバランスを取るためにこぼれ落ちたものだったのかもしれない。実をいえば……彼は複雑な家族の問題を一人で抱えていたんだ」

少年の父は、いわゆる酔いどれだった。

酩酊した父が試合に来ることを、ロナウドは極度に嫌った。試合中に父の姿を確かめると、一目散に逃げ帰った。遠征では父兄を含めてバス2台に分乗する場合が多かったが、父とは同乗を避けた。チームメイトたちの前で、酔っぱらった父に〝よしよし〟と頭を撫でられるのが恥ずかしかったからだ。

サンアントニオという地区に、今も自宅は残っている。掘っ建て小屋に近い建物だった。

父はよくいえば「市役所付きの庭師」という肩書きだったが、要は電球を取り替えたりする不定期雇用の便利屋だった。当然、共働きとなる。

母は豪華客船で働く料理人で、稼ぎは悪くなかったが、仕事の時間帯は不規則だった。やがて、家族は離散する。長兄はお決まりのコースでドラッグに走り、病院で治療を受けなければならなかった。

少年はそんな家族に絶望し、孤高に生きていくことを選んだのか。

偉業を記念して撮られた、1枚のポスターがあった。

1996年、ロナウドがマデイラトーナメントで優勝した時のものだ。10歳だったロナウドは、今よりも頰がややふっくらとしている。

だが、生意気そうな面影はそのままだ。中央に陣取り、一人だけ首に十字架を下げ、毅然とした視線で正面を見つめる。無垢な子供たちに混ざると、どこか超然と映る。

当時のチームメイトに、ブルーノという青年がいる。ロナウドと同い年で、優勝したシーズンは中盤でタッグを組んだ。

彼はナシオナルのカテゴリーを着実に上がり、サテライトに当たるカマーシャに所属する。チームメイトたちのほとんどがプロの道を断念したが、ルイ・コスタに憧れるMFだったブルーノは、センターバックにポジションを下げて〝生き残り〟に賭けていた。

――ロナウドは年下にもかかわらず、〝大将格〟だったと聞く。

「反感を持っていた奴もいました。でも、結局は承伏してしまうんです。だって、圧倒的に上手かったから」

――ライバルといえるような選手はいた？

「はい、80年代にドリブラーとして活躍した〝フットレ〟というあだ名の選手です。ドリブルがうまくて、当時は凌ぎを削っていました。でも、今はどこのチームにいるんだろう。どこかでボールを蹴っているとは聞いたけど……」

――何が2人の運命を分けたのか。

「性格。これは間違いないです。彼は凄まじい集中力の持ち主でした。メンタルだけはかなわないなって。スポルティング時代のマンチェスター・U戦（2003年夏）を見ましたか？　あいつ、ここだという場面はもう、何かに取り憑かれたようになるんですよ」

――ピッチでは、なぜかよく泣いていたと。

「そうそう、自分が許せなくなる時もあったようだけど、チャンスを外した味方にも辛辣でしたね。〝そんなのも決められないのかバカ野郎〟って。負けることが大嫌いで。1人で11人を相手にしているんじゃないか、って思った時もありましたよ」

――フットボールの他に、ロナウドが興味を持っていたことは？

「……ありませんね」

――彼に憧れの選手はいたの？

「いません。彼の憧れは、彼自身でしたから……」

ブルーノはそう言うと、おぞましき怪物の過去を振り返ったように首を振った。

「マデイラ人として嬉しいね、彼の活躍は」

ナシオナルのユース統括部長で、小学校で体育教師も務めるペドロ・タルイーニャスは、懐旧の微笑みを浮かべる。

「とても自尊心の強い子で。それを傷つけるのはコーチといえども許されませんでした。だから、コーチ陣でよく話していたのは、〝あの子は他のチームメイトが一緒にいるところで、叱ってはいけない〟ということでした。甘いと言われるかもしれませんが、彼は辱めを極度に嫌ったから。ただ一対一で話し合えば、反論もしてくるし、とことん言い合うことができました。どれだけきついことを言っても、後に引きずらない。そういうあっけらかんとしたところは、大物という感じで。大人顔負けでした」

マデイラ島の自治政府は、スポーツ振興に資金投入を惜しまない。

2000年8月まで、ナシオナルのスタジアムは学校の校庭のような土のグラウンドだったが、今や3000人収容の立派なスタジアムになった。人口30万人に満たない島にナシオナルとマリティモという1部に所属するクラブが2つも存在するのだ。2003―2004シーズンは、前者が4位、後者が6位。これは称賛に値する。

「彼が島で育った時よりも、環境は整いました。けれど、向こう100年は、彼のような選手は現れないでしょう。ロナウドは真の天才ですから。マデイラは技術的には優れた選手が多く育つのですが、その技術をチームプレーに昇華できる子が少ない。彼も御多分に漏れず、ウチのチームに入団した当初は、〝自分が誰かのためにプレーしないといけない〟ということが、うまく咀嚼できないようでした。しかし、対話を続ける中で、彼は変わっていったんですよ。これは一人のコーチとしてとても嬉しいことでしたね。変われずに潰れてしまう子が多いですから」

ペドロはそう言って目を細める。彼によれば、マデイラ人は開拓精神が強いのだという。ルイ・コスタ、フィーゴ、パウレタなど多くのポルトガル人フットボーラーが外国で成功を収めてきたが、彼らにしてもマデイラ人ほどのバイタリティーはないとペドロは言う。かつて貧しかった島民は、否応なく外に生活を求めて活路を切り開いてきた。〝先生〟はロナウドがイギリスで活躍することを信じて疑わなかった。

「ポルトガルにイギリスからフットボールが伝わったのは、この島が最初なんです。ロナウドがイギリスに行ったのは何かの縁かもしれません」

彼はマデイラ人としての夢を、教え子に託した。

イギリスのサン紙は、ロナウドのことを「10日間で50万ユーロを浪費するスターになった」と揶揄する。年収はおよそ10億円。洒脱にアルマーニを着込んで、豪勢にBMWを乗り回す。確かに派手にはなった。だが、本質まで変わってしまったのだろうか。高価なモノで自分を着飾るのは、自身をプロテクトする武装なのでは……ふと、そんな勝手な推察を巡らせる。

ロナウド宅の正面で暮らし、アンドゥリーニャではロナウドのコーチもしたアベルは、その憶測を笑わなかった。

「今でも鮮明に覚えている。ロナウドは13歳の時、スポルティングで優勝したトロフィーを抱えて、私の家の玄関で待っていたことがあった。鼻高々な顔でね。すぐに彼を招き入れ、お祝いの夕食を共にした。実をいえば、あの子は一人ぼっちで家の前に佇んでいることが少なくなかったんだ。あの日も一家の帰宅が遅くて。しかしだからといって、彼は家族を憎んだり、嫌いになったりしたわけじゃないんだ」

ロナウドはナシオナルからスポルティングに移籍しているが、実をいえば彼はベンフィカファンだったのだという。

「憧れでもないチームへの入団を決断したのは、母親がスポルティングの大ファンだったから」とアベルは明かす。「頑張って働くママのために」という親孝行。

一方、父には島の高級地に大きな家を買い、「もう働かないでいいから」と十分なお金も預けたという。父は朝の新聞配達で日銭は稼いでいるというが。

「あいつはね、親父が嫌いなわけではなかった」

2000―2001シーズン、スポルティングで1シーズンをロナウドと一緒に過ごし、今でも週末には電話する仲だというGKファビオは言った。彼はスポルティングとの契約がこじれ、故郷の島に戻っていた。同郷、そして都会リスボンで時間を共有し、2人は親しくなった。

「ロナウドは……酔っぱらってだらしない親父が嫌だっただけだよ。だってリスボンにいた頃は

上／ロナウドが家族と過ごしたマデイラ島の家　左／ナシオナル時代、試合後に泣きはらした顔　下／ナシオナル時代のコーチ、アントニオ氏（右）とペドロ氏（左）

よく言ってたもん。〝家族みんなで暮らしたいな。寂しいよ〟ってね。母親はリスボンに来ていたけれど、親父や兄貴は島に残っていたから。あいつがサッカーを始めたのは親父の影響だしね。親父さんがアンドゥリーニャの用具係みたいなことをやっていたんだ。〝親父には小さい頃、いろんな祭りに連れていってもらったんだ〟なんて自慢もしていた」

狂おしいほどに、ロナウドは家族の愛に飢えていた。

一家団欒の風景を求めて。

そしていつしか彼は、幼いながらに決意を胸に秘めた。自分がロナウド家を牽引して、みんなで幸せになるんだ、と。だから彼は強くいられた。心は挫けなかった。

「たいていのポルトガル人少年は、首都リスボンに行くと気持ちが萎えてしまうんだ」とファビオは告白する。田舎から都会に出てきた少年を、疎外感と孤独感が襲うのだという。マデイラ島からも毎年、数人の有望株が海を渡るが、激しい競争に打ちひしがれ、帰ってきてしまう。

「だけどロナウドはまったく弱気にはならなかった」とファビオは感嘆するのだった。

ロナウドは13歳で、学業は自ら落第した。

リスボンでの初登校日、教室でマデイラ訛りをバカにした上級生たちを、立てなくなるまで椅子で殴ったのだ。

だが、蹴球人としてはマジメを絵に描いたような生活を送った。一番上手いのに最後までボールを蹴り、みんなが嫌うジムワークも一番必死にやった。「あれほど上手いのに努力家だった子はいない」とスポルティングのコーチも目を丸くしていたほどだ。さもなければ生きる道は閉ざされる、という強迫観念に似た信念が彼にはあったのだろう。

確かに、しばしば泣いたりはした。けれども、それは彼に必要なリセットだった。

夕暮れ時。高台に、泣き虫の勇者がボールを追ったというピッチを見つけた。

赤茶けた屋根、緑々とした山々、広大な港が広がる。落陽が白い光を放つと稜線が浮かび上がり、上空では鳥が何度か旋回してどこかに消えた。

眼下の車道で、クラクションが苛立たしげに鳴った。来訪者に気付いた家の飼い犬がやかましく吼え、鶏が鳴き声を上げる。一瞬、喧噪が顔をのぞかせたが、まもなくするとそれらは、ひんやりした静寂に飲み込まれた。

マデイラ島の高台にあるグラウンドで、ナシオナル時代の
ロナウドはよくプレーした

クリスティアーノ・ロナウド

Cristiano RONALDO

85年2月5日、ポルトガル、マデイラ島生まれ。11歳の時にスポルティング・リスボンにスカウトされ、02年8月にプロデビュー。03年に、移籍金約23億円でマンチェスター・U入りを果たし、伝統の背番号7を背負う。ポルトガル代表としては、ＥＵＲＯ２００４準優勝、06年Ｗ杯４位。

Kazuhito Yamada / KAZ PHOTOGRAPHY

フランチェスコ・トッティ
イタリア／ローマ

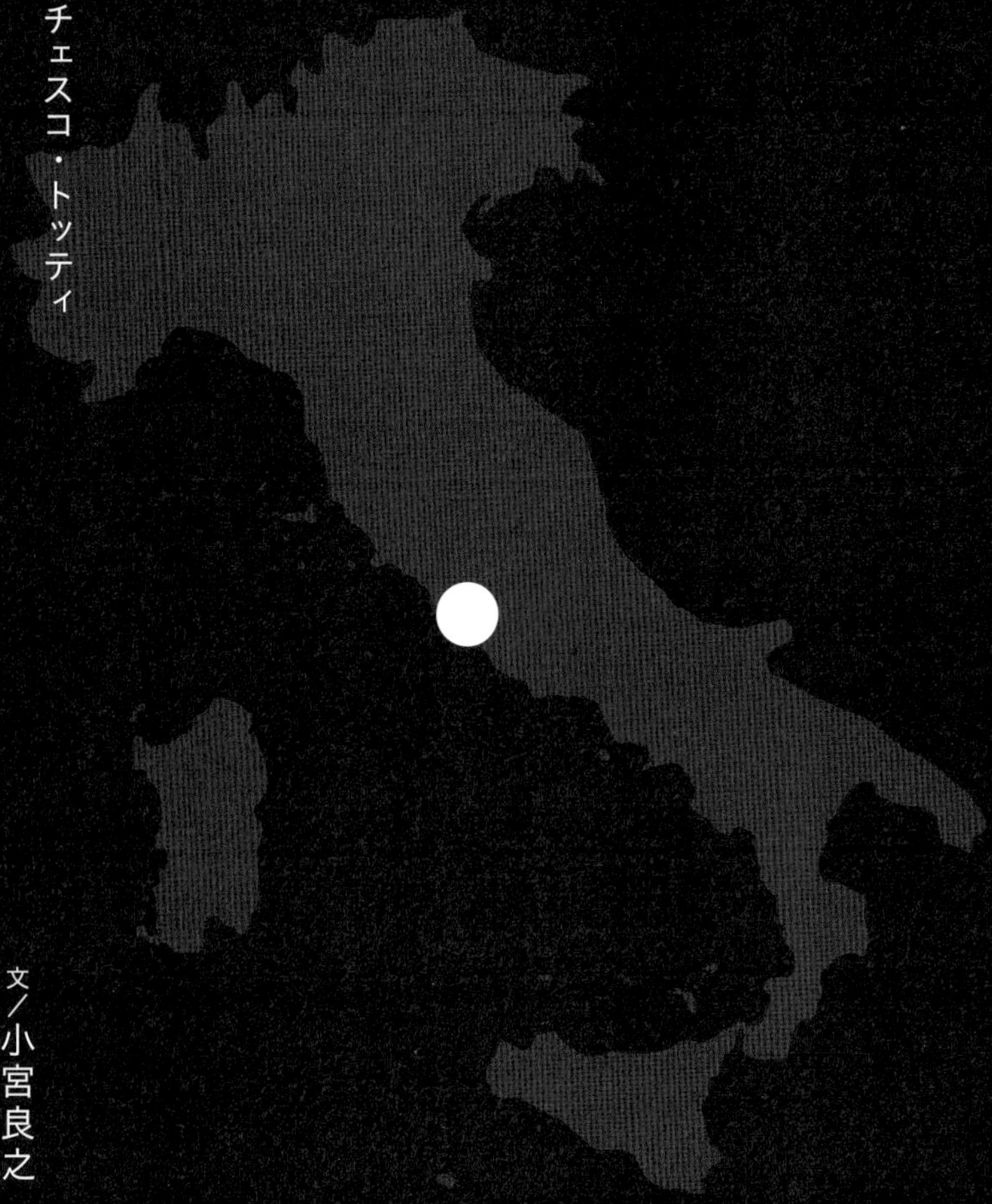

文／小宮良之
写真／高橋在

生まれ落ちたカルチョの申し子

自宅前には、校庭があった。その日、少年は兄たちの草サッカーに参加させてもらうつもりで、ひょこひょことした足取りで付いてきていた。上級生に混じると、少年の姿はどこかに隠れてしまいそうだった。それでも彼は、執拗に兄にせがんだ。

「僕も仲間に入れてってば」

6歳上の兄貴の同級生と比べると、彼の体は細く、折れそうで、なにより背が低かった。というより、日本でいえば彼は幼稚園の年長さん。兄たちは小学校5年生。体格の差は歴然だった。呆れ顔の兄。チビのくせにとからかう上級生。しかし、少年はようやく仲間に加われた満足感に目を輝かせていた。

「ビングンバンレッジュ！」

日本でいえば、ジャンケンポンのような掛け声だ。両チームのリーダーが指を振りだして、合わせた数が奇数か偶数かで交互に味方を決めていく。言うまでもなく、少年は最後まで残っていた。ポツン。彼は余りもののように、片方のチームに組み込まれた。あるいは上級生たちは手加減をしてやろうと、気を遣っていたかもしれない。

トッティが最初に入ったクラブはすでに消滅
新しいクラブへと移行していた

しかし、数分後にある者は後悔を表情ににじませ、ある者は驚愕で腰を抜かし、ある者は自分の限界を感じていた。6歳年下の年少者に翻弄されたのだ。ボールと戯れる少年は息を弾ませて、楽しそうに言った。

「だから言ったでしょ、お兄ちゃん？」

その後、ビングンバンレッジュで少年が残ることはなかった。誰もが真っ先に彼をチームに招き入れたからだ。イタリア代表のナンバー10。フランチェスコ・トッティ、5歳の日々だった。

フランチェスコは6歳で近所のクラブ、フォルティ・トゥドに入団したが、すぐにスミット・トラステベレに移籍している。理由は自分に合う年齢のカテゴリーがなかったからだ。

その後、地域では大きなロディジャーニというクラブに引き抜かれることになった。きっかけはこうだ。

リーグ戦でスミット・トラステベレがロディジャーニと試合をした時のこと。彼は出場することはできなかった。自分の年よりも上のカテゴリーでは、彼の体はあまりにも小さすぎた。だが、ハーフタイムにリフティングしたりする姿を、向こうの監督が見初めた。

試合の後、その監督から自宅に電話があった。「うちのテストに来てみないか」と。

「テストの結果？　もちろん合格だったさ」

兄リッカルドは生あくびを噛み殺したような表情を浮かべた。

ぬぼーとした風貌。間延びした語尾。鋭い表情を見せる弟とはあまり似ていないが、醸し出す暢気《のんき》さには親しみやすさを覚える。純朴なる優しさに恵まれた兄。だからこそ、弟は信用したのかもしれない。リッカルドは今「Ｎｕｍｂｅｒ10」という弟のマネージメント会社の取締役を任されているのだ。

──大きくて青い眼。弟とよく似ています。

「いや、あいつが僕に似ているんだ」

少しだけ、やんちゃな兄貴面になった。

──兄として嫉妬はなかったのですか？　スターになっていく弟を眺めながら。

「まったくない。陰で支えることが自分の役目だと思ったから。僕は穏やかな性格なんだ」

リッカルドは丸っこい笑顔を作った。

兄はいつしか確信するようになっていたという。自分もカルチョは好きだったが、弟には到底かなわないことを。自分の弟が、優秀な外科医や希有の役者のように、生来の才能に恵まれていることを。

「子供の遊びでボールを蹴っていたフランチェスコが、本当にプロの階段を上り始めたのは、ロディジャーニにいた頃だよ。弟は13歳になっていて、才能が爆発しそうだった。あの日は忘れもしない……」

兄と弟とその母。３人は居間でくつろいでいた。とりとめもない話をしながら。

ローマ市内にあるウォールアート。
トッティはロマニスタのシンボルである

11

いつもと変わらぬ午後だった。そこに唐突に電話が鳴る。兄は予感を感じた。

母が受話器を上げる。ロディジャーニの監督からだった。

母の表情がみるみるうちに変わっていく。ミラン、ラツィオ、ユベントス、それにローマから獲得のオファーがあったことを告げられていた。

「弟に言ったんだよ。俺がロマニスタだったんで、ローマにしろよってね。その頃から代理人みたいだったって？　ハハッ、そう言われるとそうだな」

リッカルドは鼻を鳴らして笑った。

「トッティ一家は、誰もがロマニスタである」

イタリア国内ではそう報じられているが、真実は少々というか、かなり異なる。フランチェスコの母はラツィアーレだった。ローマを二分するラツィオのファン。そのライバル関係は憎悪に近い。

だから、本当のことは内緒。〝母方の血〟を継ぐ、アルベルトは鼻をかきながら、ここだけという話をしてくれたのだった。

「私はラツィアーレだよ。生粋のね。ウチの血筋は……。けど、あいつのおかげで、ロマニスタも悪い奴ばかりではないことが分かったんだ」

フランチェスコの母のいとこ、アルベルトはその人柄で「Ｎｕｍｂｅｒ10」の実質的取締役に収まった。校長先生の頼もしさと、工場長の気さくさを併せ持つ。彼もカルチョに狂った天才の子供時代を眺めてきた一人だった。

「あいつが5、6歳の時だったかな。親戚同士でしばしばビーチにバカンスへ出かけていてね。男どもはボールを蹴って遊んでいた。あいつは食事をしていても、サッカーがしたくて我慢できないようでさ。〝おじちゃん、早くサッカーしようよって〟。飯を食う暇もなかった」

ビーチにいくと、アルベルトはいつもGKをやることになった。彼は内心、ほとほと困っていたという。なぜなら、フランチェスコのシュートは大人顔負けだったからだ。5、6歳の蹴るボールが魔物に見えた。砂のついた重いボールを蹴り込まれると、手が痺れ、顔面を襲われる恐怖感があった。アルベルトはせわしない手振りと、驚いたように目を見開いて、当時の状況を説明した。

「どこにそんな力があるんだ？って聞いたよ。〝ボールの芯を蹴ればいいんだよ〟なんてニコニコ笑っているばかり。まったく信じられなかった」

少年の趣味はカルチョとビデオ鑑賞だった。サッカーのビデオはすり切れるほど見ていたという。お気に入りはファン・バステン、マラドーナ、クライフ。ビデオをスローモーションにして、名手たちが繰り出すフェイントやシュートを研究していた。

「これはね、体重を蹴り足に乗せているからミサイル弾みたいになるんだよ」

小さなきかん坊は得意げに説明した。

アルベルトがトッティ宅に立ち寄ると、決まってビデオ鑑賞会になった。講師と受講生、そん

80年代に活躍したブルーノ・コンティ。
1982年のW杯では優勝に貢献した

な図が生まれたという。

その研究の成果に、アルベルトはよく唸った。そして感嘆した。名選手たちの技をほんの子供が、ほとんど苦労することもなくやってのけてしまったからだ。

そんな時、アルベルトは自分の叔父がパレルモでプロ選手だったことを思い出した。ひょっとすると、この小僧はその血を引いているのでは、と。ただ、血だけがそうさせているわけではないことも承知していた。

「才能もそうだが、フットボールに対して一直線だったな。とにかく、ボールを離さない子だった。年頃だから女の子に気を取られたりしなかったかって？　それがまったくなかったな。今と違って……おっとっと、これは冗談だぞ、フランチェスコ！」

アルベルトは、テープレコーダーに向かっておどけた。

ローマの背番号10を背負う男が初めて所属したクラブ、フォルティ・トゥドはすでに消滅していた。ただ、人影は途絶えていなかった。グラウンドは新しいクラブが使用していたのだ。

新チームのマッシモ会長。彼は近所の住人で、天才少年のありし日をよく覚えていた。

当時のことを尋ねると、昔の記憶を辿り、饒舌になった。

「うちの奥さんは、カルチョには全然興味がない。それなのに、フランチェスコを見た時は、ちょっとあれ誰？　みたいなことを尋ねてきたんだ。フィオレッツラさんの倅じゃねぇか、って答えたね。その時の光景を思い出すな」

午前中は授業。午後は夜遅くなるまでカルチョ。それが少年のライフスタイルだった。

そして彼は大の甘党だった。いつもアイスクリームをぺろぺろしているところを目撃されている。フランチェスコ＝アイス＝カルチョ。世間はそんな目で見ていた。女の子とのデートでもアイスは欠かせなかった。

「また食ってんのか」

年輩者には、よくからかわれていた。

「あのままアイスばかり食っていたら、兄ちゃんみたいになっていただろうな」

マッシモさんは言ったが、弟は太っちょにはならなかった。

「あいつには、ビート・スカラがいたから」

スカラとフランチェスコ。その関係には血よりも濃い、密な関係が見える。

現在は専属トレーナーであり、個人マネージャーでもあるスカラがフランチェスコに出会ったのは1988年だった。スカラはフランチェスコと同じ地区に住んでいたが、その存在を知ったのはロトゥレアという小さなクラブで監督をしていた時代だった。スカラは、自分が指導していた少年たちの、こんな噂話を聞いた。

「フランチェスコっていう凄く上手い奴がいるんだぜ」

二人は1989年、ローマに一緒に入団した。スカラは下部組織のコーチとして、フランチェスコはジョバニッシミ（ジュニアユース）の選手として。ただ、この時まで二人の距離はつかず離れずだった。程なく、スカラはコーチを辞したが、1997年にカルロス・ビアンチ監督が解雇されると、フィジカルトレーナーとして呼び戻され、急接近することになる。

2000年、ローマが生んだ世紀のファンタジスタは故障に悩まされていた。その時、昔からの知己で、近所に住み、家族同士も知り合いのスカラは、フランチェスコから力を貸してくれるように頼まれたのだという。

EURO2000を前にして、スカラは専属トレーナー契約を結んだだけではなく、テレビ出演などのスケジュールを管理するマネージャーも任されるようになった。以来、二人三脚が続く。〝影武者〟は強面でドスの利いた声をしていた。淀みのない口振りは、厳格な守護神のようだった。

――ローマの1軍でフランチェスコの体をケアするようになった時の印象は？

「まだアマチュアレベルだったよ。年も一番下。技術的に素晴らしかったから、1軍でプレーするようになっていたがね。だから、徹底的にジムワークで鍛えてやる必要があった。ただ、潜在能力は高かったので、それを導き出してやるだけで十分だった」

――特別に鍛えた箇所はどこか。

「ダッシュ＆ストップの能力は、重点的に磨きをかけたかな。けどね、彼は〝フォーリクラッセ〟なんだよ。次元が異なるタレント。分かるかい？　フィジカルトレーナーとしてこんなことを言うのもなんだけど、とにかく精神面が強くてね。これが彼を強靭な選手にしている」

――もう少しわかりやすく説明すると？

「例えば、彼は8万人の大観衆の前に出ると、そのエネルギーを自分のものにできるのさ。プレッシャーを感じない。実は、筋肉というのはストレスや不安によってかなり影響を受けるものだ。集中力が欠けていると、ケガもしやすくなる。彼は雑音をシャットアウトし、試合に入っていけるんだ。それが彼の最大の能力ということだよ」

――肉体面で気遣っていることは？　激しい試合の連続ですが。

「試合後いかに痛みを和らげ、体を回復させるかは自分の仕事だ。彼はかなり激しいタックルやチャージを受けているから、試合の次の日は歩くのも辛いくらいなんだよ。シーズンを通して中より上のコンディションをキープすること。それがノルマかな」

――今後、彼のボディはどこまで進化していくのでしょうか。

「彼とは常に対話をして、何が必要で、何がそうでないのかを話し合い、向上してきた。ただ正直、彼がどこまで成長できるかはトレーナーの私にも読めないんだ。フランチェスコにはまだまだのびしろがある。私はそう確信している」

スカラは眼に力を込めて言った。

「フランチェスコはジェニオ。天才なんだ。ラファエロやダ・ビンチと同じような。私は彼の素質を引き出してやること。それだけを考えている」

フランチェスコは、その領域に踏み入ることができるのだろうか。その問いに答えることができるのは、その領域に入った者だけのはずだった。

携帯電話が鳴りやまない。

「あとでこちらからかけ直すよ」

多忙な日々が窺えた。現役時代と同じ長髪を手櫛でとかす。薄茶の髪が流れていく。

ブルーノ・コンティ。

かつて、彼が左足で放つクロスは、魔球のようにゴールに吸い込まれていった。

ASローマのシンボルであり、1982年に世界を制したイタリアの左ウイングは、人々に惜しまれながら1991年に引退した。その後は、ASローマの育成部長として精力的な活動を続ける。ASローマを背負う若手の一人である、イタリア代表ダニエレ・デ・ロッシを発掘したのも彼である。

目尻の皺だけが現役当時よりも増えていたが、相変わらずその笑みは爽やかだった。

「フランチェスコを初めて見たのは1991年のことだよ。現役最後のシーズンだった。才能？ずば抜けていたよ。両足で蹴れるし、ヘディングも強い。DFを背中に背負っても、振り向きざまにどこにパスをするか、というビジョンも持っていた。今ではローマとアズーリのリーダーだ。

ただ、才能はあっても潰れてしまうケースはたくさんある。人間性が良くなければ、この世界では成功できない。私はスカウトになってからも、そこを見ている。いい選手は誰にでも分かるよ。普段の彼は優しくて気配りができる後輩だ。クリスマスにはプレゼントをくれたり。このペーパーナイフもあいつが買ってくれたんだ。

自分とあいつとはどこかオーバーラップするものがあるんだ。ローマで育ち、ローマの主将になり、代表に入り、そしてリーダーに。彼には常に世界のリーダーとしてプレーしてほしい。私がそうだったようにね。アドバイス？　そうだな、〝自分のルーツを忘れるな〟とは言っている。私は彼のママとも親しくしているのだが、本当に温かい家族でね。彼の成功は家族のサポートのおかげさ。有名になればちやほやされるが、真に価値のあるものを見失ってはいけないんだ」

家族。そこにフランチェスコのルーツが色濃く見える。

どこまで遠くへ行っても、彼には戻れる場所があった。膨大なエネルギーが発生する闘技場で心と体がボロボロになっても。彼には疲れを癒してくれる憩いの場がある。だから、彼は最終目的地に向かっていけた。

リッカルドは、こんな昔話を語った。

「トリゴリア（ローマの練習場）まで送り迎えしていたのは、ママだった。毎日毎日、車で行ったり来たり。弟は、それには今も感謝している。パパは褒めるタイプじゃない。今でもいいプレーをしても、ヘタクソって言う。でもそれは彼なりの励ましなんだ。テングになるなって」

厳格な父は一度だけ、フランチェスコを褒めた。２００４年に、自分に関する笑い話を集めた本を出版し、その売り上げをアフリカの貧しい子供たちや、ローマのお年寄りたちのための寄付金にあてたからだ。70万部以上の売り上げを記録したその本は、父も9ユーロを出して買ったという。

アルベルトが遠い日の夢を語った。

「フランチェスコは子供にカルチョを教えるのが好きで。母親にプレゼントした邸宅の側に、自分のサッカースクールを開設することにしたんだ。引退してからこういう活動をする人はいるが、現役では珍しい。トッティーノ（小さなトッティ）が生まれればいいんだけどな」

フランチェスコ・トッティ・カルチョスクールの会員は、今も増え続けている。

始まりの場所を訪れると、白い花を付けた木々が並んでいた。舞い落ちた白い花びらが風に揺られ、軽やかに踊った。

少年たちは今日もボールを蹴っていた。思い切り蹴ったボールが柵から飛び出すと、一人が「すいませーん」と言いながらボールを抱え、戻っていった。

変わらぬ風景。一つだけ変わったことがあるとすれば。周囲を囲った柵は、フランチェスコ少年が暮らしていた当時はなかったという。

フランチェスコ・トッティ

Francesco TOTTI

76年9月27日、イタリア、ローマ生まれ。13歳でASローマにスカウトされ、16歳でセリエAデビュー。18歳でレギュラーに定着、00―01シーズンにはローマをスクデットに導く。イタリア代表として、EURO、W杯ともに2回ずつ出場、06年ドイツW杯ではエースとして優勝に貢献した。

Ari Takahashi

ルート・ファン・ニステルローイ

オランダ／オス

Oss, Netherlands

文／小宮良之

写真／高橋在

寡黙で狂信的なスピッツ

オランダはアイントホーフェンの近郊にあるヘッフェン。かわいらしい形をした家々がひっそりと並ぶ。

耳を澄ませば、自転車が車輪を滑らせる音が聞こえそうな平和な街。通りの名はカッペルストラートとなっている。体を丸めて家の前の庭をいじっていた女性が、懐かしそうな声で言った。

「いつも家の前でボールを蹴っていたわね。ほら、そこのガレージのあたりにボールを蹴りつけたりして。ボムボムボムって。性格？　とてもシャイな子だったわ」

その少年が近所に引っ越してきたのは、今から20年以上も前のことだった。青年になった彼はその街を出たが、ルーツは昔と変わらずに残っている。

オランダ代表FW、ルート・ファン・ニステルローイは、ヘッフェンで少年時代を過ごしていた。

最初に所属したクラブはノーイット・ヘダフト。「決して考えるな」という意味の名を冠する小さなクラブで、6歳から12歳まで、彼は無心でボールを蹴った。正門には大人2・25ユーロ、子供1ユーロと、チケット代が古ぼけた字で赤く記されていた。芝生のスタジアムと2面の練習場と、談笑ができて温かいコーヒーが飲めるクラブハウス。アマチュア5部としては贅の極みだが、オランダには各地域に、こうした形態のクラブが何千と存在している。

閑静な住宅街にぽつんと浮かぶ空間が、夕暮れ時はたくさんの人で賑わう。ユースからトップの他に、女子チームもあるからだろう。

冴えない表情のおじさんが駐輪場に自転車を止める。

唐突な遭遇だった。

トップチームの監督を務める彼の名はマーチン・ファン・ニステルローイ。息子ルートがその第一歩を刻んだクラブで、父は現在も指導者をしていた。

約束をしていたわけではなかった東洋人たちの訪問に、マーチンは少し訝しそうに応対したが、笑うと目尻に皺が寄った。柔らかい表情。大男だがどこか仕草に愛嬌がある。

だが、インタビューを願い出た時、彼の顔つきは曇った。眼鏡の奥にある小さな瞳が申し訳なさそうに揺れていた。

「家族内で、ルートのことは一切話さない、という約束を交わしてしまったんだ。子供時代のことだけと言われても、父親としてどこで境界線を引いていいのか分からなくなってしまってね。だからすべての要請を断らなければならないんだよ」

彼は途方に暮れた取材者たちをクラブハウスの中に招き入れると、コーヒーを振る舞ってくれた。彼なりの詫びの気持ちだったのだろう。熱いコーヒーをすすりながら外を眺めていると、さつきまでうろうろしていたマーチンが、眼鏡を取り、ちょっぴり精悍な顔になって選手たちとピッチに出ていた。恰幅のいい体をくねらせ、リフティングにいそしんでいる。

息子と似ているアングルが、どこかにあるはずだった。


ノーイット・ヘダフトで約6年間を過ごしたルート少年は、やがてスカウトに才能を見いだされる。中学に上がる頃には、マグリートというクラブに引き抜かれた。隣町オスにあるアマチュアクラブである。

偶然にも少年が生まれた街だった。練習場までは自宅から自転車で20分はかかったが、彼は満足げな表情を浮かべて往復していたという。

当時、指導に当たっていたロバートは、今もマグリートでU－14のコーチをしていた。すでにピッチに出ていた少年たちを待たせながら、話を聞かせてもらう。

「今はセンターフォワードですけど、僕にとってはドリブラーという印象ですね」

ボールを持ったら、すべての選手を抜き去ってゴールを決める。登録はMFだったが、得点も一番決めていた。同年代の子を打ち負かすだけではもの足りず、大人とプレーできるようにせがんだ。年齢やポジションの枠に収まらない子供だった。

「とにかくフットボールが好きな子でした。若者が興味を示しそうな、女の子のことやお酒、たばこなどにはまったく興味がないようでしたね。マジメ。とにかく上手くなりたい一心で、〝大人のチームでやらせて〟って。トレーナーとしては、背が大きいわりに俊敏なので、ものになるかも、とは思っていましたが……。才能がある子は他にもいるのですよ。今のようになれたのは、意志の強さのおかげかもしれません」

ルートは幼い折りに、苦い経験を味わっている。両親の離婚。ロバートは少し顔をしかめた。

「たしかに、子供にとって離婚というのは辛いことでしょう。しかし、お父さんは懇切丁寧に、ルートに言い聞かせたそうですよ。〝お父さんとお母さんは憎み合って別れるわけではない。よく話し合って、時間をかけて下した決断なんだ。だから分かって欲しい〟と。実際、離婚は世間が考えるような泥仕合ではなかったし、理解あるものだったようです。いずれにしても、ルートはボールを蹴ることに没頭していました」

練習場では、子供たちがボールを追って勝手気ままに動いていた。ファン・ニステルローイのユニフォームを着て駆け回る子もいる。

彼らは憧れの世界にたどり着けるだろうか。そう尋ねると、ロバートは気難しそうな顔になった。表情の微妙な変化で、心境を語る人だった。

「ルートはフットボールを楽しんでいました。そう、他の子供たちと同じようにね。けれど、それと同時にプロになりたいという気持ちが、本当に、本当に、強い子でした」

彼はそう言い残し、ほったらかしにしていた子供たちの輪に紛れていった。

ルートがプロクラブ、デンボシュのスカウトを受けて入団を決めたのは、15歳の時だった。オランダ2部リーグに所属するデンボシュは、小規模ながら8000人収容のスタジアムを構える。質素だが、自動車教習所などを招き入れて、経営をやりくりしているという。ピッチの芝生は最高ではないが、スタンドが高くそびえ、アマチュアクラブとは一線を画する。

そこにはプロしか味わえない緊張と愉悦があるはずだった。

「ガールフレンドとは仲が良くて、その頃からとても一途だったなあ。彼は女好きのクライファートとは違う（笑）」

ファン・ヘルモントは快活に笑った。彼はデンボシュのベテラン選手としてルート少年と過去を共有している。現在はデンボシュのマーケティング部門を担当。最近はスーツも似合うようになったが、18年間のプロ生活の誇りは、今もジャケットの内側に収められている。ただ、あるいは天職を手に入れたと言えるかもしれない。弁の立つ彼は、明らかに営業マンに向いていた。

「ルートは15歳だったが、能力はすでに図抜けていた。だから週に2度はトップチームの練習に参加していたな」

当時の少年のポジションは、中盤でボールをさばくMFだった。豪快な得点シーンを演出する現在のセンターフォワードの姿は影を潜め、小気味のいいテクニックで年上の選手たちを翻弄する。それが、少年の真骨頂だった。ちょこまかと動き回る彼を追い込んでは逃し、大人たちはなかなか捕まえられず、地団駄を踏んだという。

「足下のボールテクニックが上手かった。けれど、ヘディングも強くて、プレービジョンにも優れていた。だから、最初は中盤でボールの〝さばき役〟をしていたんだ。プロデビューはたしか17歳。ただ、MFとしてはすぐに壁に当たってしまった」

そして、変貌の時がやってきた。

「はっきり言って伸び悩んでいたね。4年目だったかな……。序盤は試合に出場していたのに、シーズン後半になるとベンチが定位置になっていた。本人はその状況が許せないらしくて怒っていたよ。袋小路に入り込んでしまって辛そうだったな。ところが、当時の監督、クリス・デッカーが〝スピッツでプレーしてみろ〟とコンバートを持ちかけたんだ。これで、一気に才能が開花したのさ」

〝スピッツ〟はオランダ語でFWを意味し、例えば「ディープ」という単語を前につければセンターフォワード、ターゲットマンとさらに意味を明確にできる。スピッツというはまり役を得たルートは、後半戦だけで8得点。この活躍で、彼はオランダ1部ヘーレンフェーン移籍のきっかけを掴んだ。

「私はクリス・デッカーこそがルートの成長を促したキーマンだと思っている。MFとしてプレーしていれば、今のような成功はきっと掴めなかったはずだ。あのコンバートがルートにとっては分岐点だった。ただ、彼がそういう居場所を得たのは、向上心と情熱のおかげだったと思う」

ルートはデンボシュ時代にアキレス腱の大ケガを負った。ボールに触れない時間は彼を焦らせ、気持ちが抑えきれないようだったという。

ドクターやトレーナーが「お願いだから休養してくれ」と頼んでも、彼は一向に耳を傾ける様子がなかった。目を盗んでは上半身を鍛え、痛みがなくなると走ろうとした。

そういう時の彼には、狂気が宿る。

ファン・ヘルモントは呆れた表情を浮かべ、〝ファナティック〟と形容した。


小さなルートの本性を間近で見た男が、もう一人いた。

1984年にデンボシュでキャリアを始め、スコットランド、ベルギーでプレーした後、1996年から2002年までデンボシュでプレーしたファン・デルホールン。引退後はデンボシュのテクニカルディレクターとして多忙な日々を送る。

現役時代はスイーパーとしてピンチを防いだが、その話しぶりは厳格かつ慎重でありながら巧みで、ありし日を思わせた。

頑健なベテランDFは、体の出来ていない十代の少年アタッカーをイジメた。ベテランDFの当たりは優しくはない。ガツン！　体を当てられると、骨に染み込むような衝撃を受けるものだ。ルートもそれに耐えなければならなかったが、怖れる素振りは見えなかったという。むしろ、プロの階段を踏みしめることに快感を覚えているような。やがて、少年はボディコンタクトをマスターしていた。

――ＤＦのあなたから見て、どんなアタッカーでしたか？

「才能は申し分なかったが、調子の波が大きかった。例えばゴールを外すと、がっくりときてしまうことがあった。頭を抱え、すべてが終わってしまったように、呆然としてしまう。気持ちの切り替えがなかなかできなかったんだね。だから我々は、経験者として諭した。〝悪い時もある、次を狙え、自分を信じろ〟とね。しばらくすると、彼のプレーに自信がみなぎってきた。切り替えができるようになったんだ」

――同国伝説のストライカー、ファン・バステンと比較できるタレントといえますか。

「ノー。今の段階ではファン・バステンは異次元の選手で、遠く及ばない。私は現役時代、ファン・バステンと対戦したこともあるから、その怖さは身にしみている。ただ、ルートが今以上の成功を掴む可能性はある。ファン・バステンの域に達するかどうかは明言できないが、その潜在力を、ルートは持っていると思う」

――〝ルートの後継者〟は見つけられそうですか？

「面白い選手はすでに何人かいる。まあ、今後どうなるか……。ただ、しくじらないようにしないと。次にルートのような選手が育ったら、ヘーレンフェーンにではなく、ＰＳＶに大金で売るつもりだよ（笑）」

いかつい顔を崩してジョークを言う顔は、案外かわいらしかった。

かつてファン・ニステルローイが所属した
アマチュアクラブ、マグリート

Van Nistelrooy
10
adidas

オランダの強豪、PSVアイントホーフェンは、名門アヤックス、フェイエノールトを向こうに回し、北ブラバンド州の雄として名を馳せる。練習場は街外れの林の中に屹立し、素朴だが凛としていた。名門の所以か。ただ、チーム広報は愚痴っていた。

「最近はケガ人が多い」

古株DFのアーネスト・ファーバーもその日は練習には帯同せず、リハビリに努めていた。リーグ優勝2度、オランダ代表にも名を刻んだ男は、クラブハウスの2階でおどけるように言った。

「今のルートがあるのは私のおかげ。アイツがPSVに移籍する理由を作った張本人なんだから」

ヘーレンフェーン時代のルートと対戦したファーバーは、マーカーに指名された。しかし、彼はこの若造に散々な目に遭わされている。

「思い知らせてやろう」と後ろから激しく削りにいくが、空振り。鋭い反転でゴールを襲われることになった。一人の守備者としては思い出したくもない経験だったと言うが、おかげでPSVスカウト陣はその才能に惚れ込み、翌年の契約が成立。今では笑い話だ。

「それまでより、レベルの高いPSVに来たことで、彼は急成長を遂げた。ベルギー代表のニリスは戦術的な意味でベストパートナーだったし、オランダ代表スタムと相対することで、プレーの幅を広げた。ルートはオランダらしいセンターフォワード。チームプレーもできるし、万能だ。私はロナウドともチームメイトだった。彼はサンバのリズムで試合を決めた。しかし、ヘディングも含めて、より万能なのはルートの方だ」

ファーバーはそう言って、元同僚にエールを送るのだった。

ロッカールームや遠征でのルートは至って普通。記憶に残っていないほどだという。PSV時代の親友は、現在ブンデスリーガでプレーしているブルヒンク。多くの選手がそうであるように、ゴルフにも出かけた。それも趣味程度で、素顔はとても寡黙な人間だったという。

ただ、得点への希求は暴力的だった。

「彼は自分が一番だと信じることで、難局を乗り越えてきた。そのたびに強くなっていったよ。例えば、あいつは膝に大ケガを負っているが、そういう経験をすることで、自然と精神力が高まったのかもしれない。アスリートがケガを克服するには、気持ちを強く持たないといけないんだ。それに我々のレベルでは、手厳しい指示をお互い飛ばすこともあるが、彼は決して腐らかった。攻撃の美学が優先される土壌を持つオランダでは、スピッツがポテトのように大量に育つ。けれど、ルートほど激しく得点を求めるスピッツはそうはいない。プレーの向上のためには鬼になった。〝イっちゃってるんじゃないか〟と思ったよ」

不屈なる向上心が、ぽっかりと浮かんだ。

少年は、自分の中に見つけた禁欲的野望を飼い慣らしながら、大人になった。成長過程では、それをコントロールすることができず、押し潰されそうになることもあった。しかし、次第に

上／ヘッフェンにある、ルート少年が育った家
左／ＰＳＶ時代のファン・ニステルローイ（一番右）
下／４シーズンを過ごしたデンボシュのロッカールーム

「野心」という猛獣を操る使い手になったのだ。素顔は普通で、物静かな男。ただ、ピッチでは一切の妥協も、ほんのわずかな容赦もなかった。

「ボールを蹴っていれば全然飽きないもん。大好き。だから誰にも負けたくないんだ」

少年はよく言っていたという。

ノーイット・ヘダフトでは自転車が往来を繰り返していた。愛くるしい表情をした少女の一団がボールを遠くに蹴り出す。

太陽は、この日最後とばかりにオレンジ色の光線を放っていた。そこはどんなに遠くに行ってしまっても戻れる、永遠に憩うことのできる空間のようだった。

夜の帳は降りても、始まりの場所はやがて朝を迎える。

練習の合間を見て、マーチンが茶目っ気を見せていた。ファン・ニステルローイとトッティのユニフォームを着た選手を見つけ、2人を並べた。

「この写真を撮っておくといい。EURO2004の決勝はこうなるから」

それは息子との約束で話すことができない、彼の最後のサービスだったに違いない。

——どことなく息子さんに似ていますね。

マーチンはうつむき、照れたように「サンキュ」と短く言った。

純朴そうにはにかむ姿に、欧州を代表するスピッツの陰影がほんの一瞬、重なった。

ルート・ファン・ニステルローイ

Ruud VAN NISTELROOY

76年7月1日、オランダ、オス生まれ。93年にデンボシュでプロデビュー。ヘーレンフェーンを経て、98年にPSVへ移籍後、2年連続でオランダリーグ得点王。01年に移籍金約36億円でマンチェスター・Uに移籍。02—03シーズンにプレミアリーグ得点王。06年にレアル・マドリードへ移籍。

Tomohiko Suzui

ミヒャエル・バラック
ドイツ／ケムニッツ

Chemnitz, Germany

文／木崎伸也

写真／長井美希

東西ドイツ、最後の結晶

4歳の時、ミヒャエル・バラックは東ドイツ政府の機関から、予想もしなかったスポーツを勧められた。

「君は、スケートに向いていますね」

当時の東ドイツでは、4歳になったらすべての子供が〝スポーツ適正検査〟を受けることを義務づけられていた。身体検査はもちろん、スピード、ジャンプ力、速筋・遅筋の比率、あらゆることが細かく調べられる。

その結果、背が高く細身だったバラック少年は、スピードスケートの分野に進むことを強く勧められた。強制的にリンクにも通わされた。それが、国をあげて五輪選手を生み出そうとする、東ドイツのやり方だったのである。

当時、スケートはバラックの住む街が最も力を入れている競技だった。だが少年は、あまり興味を示さなかった。4歳の時にはボールを蹴り始め、ひとりで壁当てをしたり、リフティングしたり。彼は、建築家の父親が持って帰って来た廃材に、ボールをぶつけて壊すのが何より好きだった。結局、少年は6歳の時に、家の近くの地元チームに入団することになる。

それが、ミヒャエル・バラックの選手生活の始まりだった。

バラックが育った旧東ドイツの街、ケムニッツは、今も〝東〟の臭いがプンプン漂っていた。中央駅前には壊れたアパートが野ざらしになっている。道路はだだっ広く、建物が少ない。広場には共産主義革命を起こしたカール・マルクスの巨大な石像が未だに立っていた。石像のうしろの壁には「万国のプロレタリアよ、団結せよ!」(Proletarier aller Länder vereinnigt Euch!)というスローガンが彫られたままになっている。カール・マルクスは「資本論」の著者で、労働者階級(プロレタリア)のカリスマになった人物だ。

旧東ドイツ時代、この偉大な思想家にちなんで、ケムニッツは「カール・マルクス・シュタット」という名前に強制的に改名させられている。東西ドイツ統一後に、再びケムニッツに戻ったものの、そういう複雑な変化をバラックは子供の時に体験しているのである。

自宅近くのチームで飛び抜けた存在になったバラックは、10歳の時に地元の名門、カール・マルクス・シュタットFC(のちにケムニッツァーFCに改名)に引き抜かれた。

それと同時に、スポーツエリートが集められる〝スポーツシューレ〟(スポーツ専門学校)に入学する。

このクラブと学校は、同じ敷地内にある。朝6時から夜6時まで、バラックのサッカー漬けの生活がスタートした。

東ドイツの多くのスポーツシューレは壁崩壊後に潰れてしまったが、幸いケムニッツのスポーツシューレは今も残っていた。現在350人の生徒が在籍し、陸上、水泳、体操、柔道、スケートなど、将来の五輪選手を目指すちびっ子たちが集まっている。

かつてバラックを教えていたマルギータ・トイヒャー先生は、職員室で静かに語り始めた。

――バラックはどんな生徒でした？

「まあ、あんまり勉強する子ではなかった（笑）。でも、それはスポーツシューレの狙いでもあるのよ。勉強が生徒のプレッシャーにならないように、ちゃんとカリキュラムを考えて、適度にやらせる。だから、彼はいろんなスポーツに触れることができた」

――性格は？

「強気ね。負けず嫌いでもある。ちょっとミスをすると、次は絶対にそれを改善しないと気がすまない子。あと一番いいところは、いい意味で無責任なことね。オウンゴールをしたことがあったけど、〝まあ、何でも起こるさ〟って全然気にしてなかった。自分を追い込まないところが、プロになってからも生きてるんじゃないかしら」

ドイツでは未だに、こんなことを言う人が多い。

「旧東ドイツのスポーツシューレは、とにかく凄かった」

事実、かつて東ドイツはオリンピックで圧倒的な強さを見せ、このケムニッツの学校も多くのメダリストを輩出している。トイヒャー先生は1981年から働く大ベテランで、学校のことを知りつくしている。いったい旧東のスポーツシューレにはどんな長所があったのだろうか？

そう質問すると、おだやかだった先生が急に熱く語り出した。

「壁が崩壊して、すべて終わってしまったのよ。たしかにかつては生活水準が低かった。でも、スポーツ教育のレベルだけはどの国にも負けない自信があった。この施設には、学校、寄宿舎、スポーツ育成の3部門があるのだけれど、その3者が2週間に1度は、必ず会議をしていた。あの子供の成績はどうか、スポーツの成熟度はどうか、これからどうすればいいか。みんなで家族のように手を取り合って、選手を育てようとしていた。でも今は資本主義になってしまって、この3部門は別々の管理下に置かれるようになった。そんなのお金がかかるだけで何の意味もない。バラバラになってしまったのよ」

先生の嘆きは、さらに続いた。

「もうモチベーションが変わってしまったのよ。あの時は、将来の就職なんて考えず、スポーツで一番になることだけを考えればよかった。世界で一番になることだけを目指していたの。でも、今はどうかしら？　スポーツ以外のことも考えなければいけないし、生徒だって苦しい練習が続くと〝なんでボクは苦しまなきゃいけないの？〟って思うようになった。もう昔のように選手を育てることはできない」

1990年、東西ドイツが統一し、東の人々の生活はいい意味でも、悪い意味でも変わった。あるタクシードライバーのおばちゃんは、こんなことを言っていた。

上／ケムニッツァーＦＣ時代のバラック。まだ垢抜けない
ひょろっとした若者だった
左／ 2006年、地元開催のW杯前には、巨大広告も

Radisson SAS
adidas
DB

「昔と今を比べると、家賃なんて6倍に跳ね上がった。でも、私はこうして車を買う自由ができた。得たものと、失われたもの、どちらもあるのよ」

その失われたもののひとつが、スポーツシューレだった。今も学校という〝箱〟は残っているが、育成のシステムはすっかり変わってしまった。

昔はサッカーのコーチが、「今日は午前に練習をやりたい」と言ったら、先生は平気で授業を午後に変更してくれた。今はそれぞれのカリキュラムが決められており、そういう融通が利かない。共産主義の方が、コーチや先生に自由があったというのは皮肉な話ではあるが……。

職員室の壁に「1995年12月卒」と書かれたバラックの代の卒業写真が貼ってあった。バラックはじっこに立ち、天然パーマが伸びきったリーゼントのような髪形で、まだら模様の変なニットを着て、マジメな表情で映っていた。

「バラックは卒業してから、一度もこの学校に遊びにきてくれない。ちょっと寂しいわね……」

トイヒャー先生にとってバラックは、東ドイツ時代の最後の思い出なのかもしれない。

学校の職員室を出て、体育館の横をすり抜け、すぐ隣にあるケムニッツァーFCのスタジアムに向かった。

かつてケムニッツァーFCはブンデスリーガの2部にいたこともあったが、現在は3部に低迷している。そのケムニッツァーFCの監督のヨアヒム・ミュラーは、11歳から15歳まで、ユース時代のバラックを指導していた人物だ。「私が出会った中で、最高のタレントだったね」とミュラーは振り返る。

「足はそんなに速くなかったんだけど、ボールタッチとか、テクニックがすごく良かった。生まれつき両足で蹴る能力もあった。それに何といっても、ヘディングが抜群に強かったよね」

――特別な練習は何かした？

「ピッチの横に、ボールを吊るしたヘディング練習マシーンがあるんだけど、それを毎日やらせた。バラックも〝ヘディングが強いのは、あのマシーンのおかげ〟って言ってるよ」

日本ではあまり馴染みのない、体操の吊り輪のようなこの器具は、未だにスポーツシューレのピッチの横にぽつんと立っていた。ボールをひもで吊るして、ひたすらヘディングをする単純な練習だが、これがバラックの〝頭〟を特別なものにした。

「今やバラックは、世界一ヘディングが強いMFになった」とミュラーは頬を緩ませた。

ひとつ彼に訊いてみたいことがあった。それは東西ドイツの統一は、サッカーにどんな影響を与えたか、ということだ。

元東ドイツ代表のミュラーは言った。

「マイナスもあるし、プラスもある。今までのように学校とクラブが連携できなくなったことがマイナス。その一方で東ドイツという閉鎖社会から抜け出せたことが、サッカーという競技にとってはプラスだった」

実は東ドイツのエリート主義は、サッカーという団体競技ではあまり成功していない。西ドイツが1954年のワールドカップで優勝した一方で、東ドイツはまったく結果が出せなかった。小さい時に子供の才能を厳選し、最高の栄養と環境を与えるやり方は、一歩間違えれば同じタイプの人間ばかり育てることになる。

サッカーは11人対11人のぶつかり合いだ。よりいろんなタイプと対戦した方が経験値は上がるし、似たような環境でばかりやっていたら国際舞台で通用するわけがない。東ドイツのやり方は、そういう団体競技ではマイナスになりがちな要素を内包していたのだ。

しかし、バラックの運が良かったのは、13歳の時に壁が崩れたことだった。10歳から14歳まで東ドイツが誇る英才教育を受け、その後は西側の文化が流れ込んだ環境でサッカーを続けた。いわば東ドイツと西ドイツの環境を両方とも体験した、最初で最後の世代がバラックだった。バラックの体内には、東の良さも、西の良さも、息づいている。

ミュラーは続けた。

「東ドイツが突然なくなり、すべてが変わってしまったけれど、目標は変わらない、それを見失うな、とバラックには言い続けた。バラックは社会の変化を見事に乗り越えてくれた。タレントの未来を決定するのは意志だ。彼にはそれがあった」

バラックは18歳の時にケムニッツァーFCとプロ契約を結んで、経験を積んでいった。チームは2部から3部に落ちてしまったが、いくつかのクラブから受けたオファーを断り、バラックは試合に出ることを優先してチームに留まった。U－21ドイツ代表にも選ばれるようになった。

そして20歳の時、転機が訪れる。ブンデスリーガ1部のカイザースラウテルンを率いていたオットー・レーハーゲル監督が「お前なら、1部でやれる」と熱心に誘ってきたのである。

両親は反対したが、バラックはレーハーゲルの熱意に心を動かされた。バラックはこう振り返っている。

「当時の自分は、写真を見たくないほどダサくて田舎者だった。けれども、プロとして試合をこなしていくうちに、故郷を離れてもやっていけると確信するようになっていたんだ」

その後のバラックの成長ぶりは目覚しかった。カイザースラウテルンでは昇格したシーズンに優勝。レバークーゼンに移籍するとドイツ代表に定着、2002年には欧州チャンピオンズリーグで準優勝して世界に知られる存在になった。2002年夏に名門バイエルン・ミュンヘンに移籍してリーグ優勝を3度果たすと、名実ともにドイツサッカー界のトップに立った。

残念ながら自国開催のワールドカップではキャプテンとしてドイツ代表を引っ張りながらも、準決勝でイタリアに延長戦の末に敗れて、優勝の夢はかなわなかった。しかし、バラックはその後に活躍の場をイングランドのチェルシーに移し、新たな目標に向かって進み続けている。

東にルーツを持ち、西で経験を積んだバラック――。東西ドイツの統一がなければ、このスーパースターが生み出されることはなかった。

ミヒャエル・バラック

Michael BALLACK

76年9月26日、ドイツ、ケムニッツ生まれ。ケムニッツァーFCでプロデビュー。97年にカイザースラウテルン、99年にレバークーゼン、02年にバイエルンへ移籍。そして、06年より母国を離れ、イングランドのチェルシーへ。ドイツ代表デビューは99年4月。02年W杯で準優勝、06年W杯で3位に輝く。

Kazuhito Yamada / KAZ PHOTOGRAPHY

マヌエル・ルイ・コスタ
ポルトガル／リスボン

Lisbon, Portugal

文／小宮良之
写真／高橋在

光と陰を分かつもの

ペンキの色が古ぼけて読みにくいが、目を凝らしてみる。

「ここでボールを蹴るのは禁止」

金網に吊された看板には、そう書いてあった。

場所はフットボールクラブのクラブハウスの脇。そこにこんな但し書きがあるのは、どこか間が抜けていて、微笑ましい。

建物は老朽化が進み、漆喰が至るところで剥がれている。ただ、不思議と古めかしい印象はない。その周囲に隣接する建物も負けず劣らず、年季が入っていて、そこにたむろしている男たちも年輩者ばかり。場所と人が同じ時代の中に融合していた。

昼時が近づくと、食堂が騒がしくなってきた。初老のウェイターが、規則正しくきびきびと働いている。建物の奥には、冠の記されていないおもちゃのようなトロフィーがいくつか飾られていた。クラブの人々が「宝物」と自慢する朱色のユニフォームは、一番奥にあった。

ポルトガルサッカー協会の紋章が胸にある。1991年、ワールドユースで優勝を遂げた〝卒業生〟の贈呈品だった。

ダマイア・ジナジオ。地元では知る人ぞ知る、フットサルクラブの名門である。

マヌエル・ルイ・コスタはここで育ち、巣立った。


軽やかなボールタッチ。息をのむスルーパス。ポルトガル代表のかつてのナンバー10が生まれ育った街。それがリスボンの郊外にある、小さな住宅街ダマイアだった。

郷愁を誘う。そう表現することもできたが、退屈であるとも解釈できた。

ルイの自宅。両親が営む文房具店。ダマイア・ジナジオのクラブハウス。

それぞれが、一辺が100メートルほどの三角形で結ばれていた。年端のいかない少年にとっても、狭い世界だっただろう。

ルイは、ちっちゃな街を所狭しと駆け抜けていた。

「クラブハウスを出たところに、坂になっている大きな通りがあるじゃろ？　ルイはそこを何度も行ったりきたり、駆けっこばかりしていた。走るのが好きな子供じゃったな」

ダマイア・ジナジオでカフェを嗜《たしな》んでいた老紳士は言った。

その場にいる年輩者たちは誰もが、多かれ少なかれ、地元が輩出した英雄の断片を抱えていた。

当時のルイを最もよく知るという、ダマイア・ジナジオのジョアン・ベルドゥゴ会長は、どこからか調達してきたパンをビニール袋に入れて、悠然とやってきた。

話を聞かせてもらうように願い出ると、事情を聞いてから承諾してくれた。

下げていたパンを食堂に届けると、すぐ近くにある事務所まで移動することになった。2匹の犬が、静謐なる衛兵のようにジョアン会長の背後からしずしずと従う。

「10歳の時には、すでにルイはベンフィカのジュニアに所属していました。ですけれど、それからもダマイアでボールを蹴っていたのですよ。もちろん、内緒で。もしばれていたら大変なことになっていたでしょうね。ベンフィカの人々にとっては、フットサルでケガでもされたら問題ですから」

自宅からほど近い、住宅街に囲まれたフットサル場はひっそりしていた。頑丈そうな門扉と、さびれた2つのゴールマウスはあるが、それ以外にモノは一切ない。

ボールを蹴ることだけに一心になれる空間。ルイは、ボールに触れる時間が多いフットサルに魅了されていた。しかもダマイア時代、彼にはイボという最高のパートナーがいたという。2人がプレーすると、同年代の少年には手に負えなかった。

134試合無敗。

2人は無敵を誇り、記録を樹立してしまった。

ちなみにイボは後にフットサルのポルトガル代表として活躍、欧州にその名を馳せている。

「ルイの父親と私は、幼なじみなんですよ」

ジョアンが続けた。

「しかも、現役時代には2部リーグ、エストレーラ・デ・アマドーラで2トップを組む相棒同士でした。腐れ縁なんです、ルイの家族とは。靴磨きだった爺さんの代から知っていて」

ルイの父であるビットールはGKから始め、最終的にセンターフォワードにたどり着いた。とにかく、ヘディングが得意だった。なによりシュートが強力。それはルイにはなかった才能だと、ジョアンは説明した。

「あれは私たちが現役の時。名門ベンフィカとの一戦でした。ビットールは頭で豪快な一発を叩き込んだのですよ。試合は1対2で敗れましたが、あの瞬間は今も覚えています」

リスボン、そしてポルトガルの人々にとってのレアル・マドリードのようなビッグクラブを相手に、父はゴールを挙げた。息子はそれを誇った。

やがてその名門に足跡を刻み、想いはより強くなったことだろう。「父はこんな強者を相手にゴールを決めちゃったんだ」と。

「赤ん坊の時のルイは、昼寝を邪魔されるとよくごねてね。ただ、いい対処法を両親は見つけたんです」

自分のことでもないのに、会長は少し得意げな顔になるのだった。

普通の赤ん坊はおしゃぶりでもくわえさせれば泣きやむものだが、まったく効果がない。そこで両親はサッカーボールを与えた。これがてきめんだった。心配そうに泣いていた顔が、安堵の色に変化したのだ。

「少年時代のルイは、よく走り、よくボールを蹴り、よく食べましたね。痩せていたし、大食漢とは思えないのに。あれは山登りの遠足に行った時のことです。あいつは6歳のガキんちょだというのに、鶏を丸ごと一匹平らげたんです。たまげましたよ！　ビーチに行けば、朝からパンを12個は朝飯前（笑）。このまま大人になったらどうしようかと思っていましたが、食欲は年を重ねるごとに落ち着きまして」

しかし、鶏料理好きは大人になった今も変わらない。

1999年、ルイは「クラブ・ド・フランゴ」というレストラン経営に乗り出している。直訳すれば〝鶏クラブ〟。

店内には、ルイが試合後に交換して得た戦利品であるはずのユニフォームが、ズラリと飾ってある。ガタイのいいウェイターが持ってきた鶏のオリーブ焼きは、皮がカリカリに焦げていて食感がよく、中味は柔らかく塩味が味覚を刺激した。素材がいいことはすぐに分かった。ふと、おかしな映像が思い浮かんだ。

ルイがあのくりくりとした目で、鶏を検分しているのだ。それは幻想に違いなかったが、妙にリアルな光景だった。

「どこか憎めない」

それがルイだったと、ジョアンはいった。当時ダマイアの会長兼監督だった彼は、ボールを操れば天才的なルイに、何も教えることはなかったと強調した。

しかし、思い出し笑いをしながら言うのだった。「おっちょこちょいなところもあって」と。

1991年、ルイはポルトガル代表の一員としてワールドユース優勝を成し遂げ、一躍名を馳せた。その後すぐに、彼は車を購入している。

「メーカーは忘れたが、日本車だった」とジョアンは記憶を辿った。しかし、精密なる日本車も免許取り立てのルーキーには宝の持ち腐れだったようだ。友人を迎えに行こうとした時。初めてエンジンをかけ、発進させた途端、最初のカーブで嫌な音がした。

欧州でポルトガルは最も交通事故が多いことで知られる。運転はたしかに手荒く、譲り合いの精神というものがほとんどない。純朴で、優しすぎる男は、もしかするとポルトガルで運転するのに向いてはいないのか、それとも単に運転が下手なのか。

「今でも、こっちに戻ると親父が運転するようにしていますよ」

会長はにっこりとした。

「ルイは変わらないんですよ。スターになってもね。夏にはクラブに帰ってきてくれる。年に1度、フットサルの大会があるんですが、彼がその主催者になってくれている。今年で14回目になりますね」

1991年、ワールドユース優勝。

1994年、名門ベンフィカでのプレーが認められ、フィオレンティーナに移籍。

２００１年、ＡＣミランに移籍し、２００３年には欧州一に輝く。

ルイは輝けるスターになった。その光は眩かった。


「ルイが凡庸に見えるくらいの天才が黄金世代にはいたんだ。真の背番号10。ワールドユースでスターになっていたのは彼だったかもしれないな」

同行したア・ボラ紙の記者は何気なく漏らした。興味が湧かないはずがなかった。

すぐにその人物と会うセッティングを頼んでいた。もしかすると、ルイはその男のようになっていたかもしれないのだ。

「オーケーだってさ」

記者が連絡を取ってくれた。リスボンの中心から車で15分ほど車で飛ばしたサンタ・イリアという街で会えることになった。

ルイ・コスタ、ルイス・フィーゴ、フェルナンド・コウト、ジョアン・ピント……。

彼らはカルロス・ケイロス監督に率いられ、１９９１年のワールドユースを強く美しく制し、黄金世代と崇められた。

しかし、開幕2か月前までキャプテンマークを巻き、ゲームメイクを任せられていた男がいたことはあまり知られていない。

パウロ・ピラール。

左利きの天才と呼ばれた男は、左膝の靭帯を試合中に切り、大会を棒に振り、2年間を手術とリハビリに費やした。

待ち合わせのレストラン。ピラールは取材者たちのために、好みを親切に聞いてまわると、自分は鶏の煮込みをオーダーした。そして、チーズを肴に赤ワインをしたたかに飲んだ。

「ルイを初めて見た時の印象？　それが実はあまりないんだ。俺はU‐16から代表の中心でプレーしていたんだが、ルイはそのずっと後に入ってきた。俺とあいつはポジションが同じで、俺がプレーしている限り、あいつは補欠だった。ワールドユースの2か月前に俺が大ケガをして、ポジションを明け渡すまでは」

彼は喉の渇きを癒すようにアルコールを口に含んだ。あえて愚鈍な質問をぶつける。

「悔しくなかった？　そりゃまあね……。決勝のルススタジアムは10万人の人で埋まったから。あんな光景は見たことなかった。けど、俺は嬉しかったんだよ。ワールドユース決勝でブラジルに勝った後の会見。ルイはPKで決勝ゴールを決めたんだが、優勝とゴールを俺に捧げてくれたんだ。あいつは俺の気持ちを分かってくれたんだろう。もしかすると、俺がそこにいたかもしれなかったことを」

ピラールはスポルティングのユース育ち。フィーゴとは親友だった。

ピラールは順調に成長を続けていたが、前述の靭帯断裂で、21歳までリハビリ生活を余儀なくされる。

1993年、当時1部にいたファレンセにレンタル移籍するも、1得点と振るわなかった。その後もレンタルで2部のアカデミカに1年、2部B（実質3部）のビゼラ・ノルテに1年間在籍。翌季、スポルティングとの契約が切れると、独力で2部Bのクラブに売り込んでプレーしたが、4年後に現役引退を決意した。

「手術が失敗だったとは思わない。ただ、2部以下は練習場が土のグラウンドでね。膝にかなりの負担になったんだ。それでもう潮時かなと思って。結婚して3歳の息子がいるし、今は学校教材用のリュックやノートを造る工場で働いているんだ。まあ、ザックザックとは稼げないけれど、俺がしっかりしないとな」

彼は終始快活な表情で話を続けた。こちらの意図を汲みながら、酒と昔話は止まらなかった。

「ルイス（フィーゴ）は未だにクリスマスなんかにはメッセージをくれて。忙しいのに律儀な奴だぜ」と誇らしそうだった。

「俺は現役時代から酒もたばこもやっていた不良。ただ、隠れてはやらない。会長の前であろうと監督の前であろうと呑みたい時は呑んだし、吸いたい時は吸った」と自嘲気味になったが、「だからこんなに贅肉がついちゃってさ」とひょうきんな仕草でオチを付けた。

ただ、ほんの少しだけ恨めしそうな表情になった。

「ルイは幸運だったんだよ。彼は1990‐1991シーズンに2部のファフェというクラブに貸し出されている。ハタチ前のあいつにベンフィカでプレーする能力はなかったが、2部というちょうどいい土壌で揉まれ、飛躍的に成長することができたんだ。俺の場合、スポルティングがそれを許さなかった。レンタルで移籍できたとしても、3部だと言われた。3部なんかでプレーして何になるんだ、と怒ったよ。17歳の時、ポルトからオファーがあった時は考えた。しかし、遠い北の街に行く決心がつかなかったんだ」

覚悟を決めていれば運命は変わっていたかも。さすがに口にはできなかった。

ピラールは、今も週に一度はボールを蹴っているという。ただ、「カラコレス」なのだと断った。"カタツムリ"なのだと。プロ選手のように軽快ではなく、バタバタとボールを追い、それが終わればビールを食らい、心地よく酔い、千鳥足になるのだ。そうやって明日を生きる活力を手に入れる……。そろそろほろ酔いが回ってきたのか、彼は天然パーマの髪を掻き上げながら上機嫌に軽口を叩いた。

「あーあ、フェリポンから連絡がないかな。いつでも代表でプレーするのにさ!」

その日は、EURO2004、ポルトガル代表メンバー発表の日だった。

2004年5月16日。ポルトガル杯決勝がリスボンの外れにある国立競技場で開催され、ベンフィカがポルトを下して優勝を遂げた。

北のライバルを打ち負かした愉悦も相まって、数万という人々がマルケス・デ・ポンバル通りに集い、夜通しで勝利を祝った。クラクションが耳をつんざき、マフラーを外したバイクの爆音がこだまする。8年ぶりのタイトル。金庫は枯渇し、若手育成は遅れ、地に落ちたと蔑まれる名門は、ほんの少しだけ溜飲を下げていた。

「ルイが移籍して以来、ろくな若手が育っていない。もう15年が経過しようとしているのに。ACミランで腐っているなら、ルイには戻ってきてほしいとは思うよ。けど、金銭的に契約は成立しないだろう。選手ではなく、監督かGMとしてベンフィカに戻ってくるんじゃないかな。まあ、その前に彼が愛するクラブが破産しないことを願うけどね」

同行の記者はそう言って肩を竦めた。

ベンフィカは過去の栄光の呪縛から逃れられないという人がいる。その結末は借金の山という現実だった。ただ、翌季のチャンピオンズリーグ出場権を掴んだ。何とか経営は続きそうだった。ルイが戻ってくるまでは。

ピラールの呟きが頭から離れなかった。

「マラドーナは神。俺も左利きだった」

ジョアン会長の確信を反芻した。

「ルイはフットボールをするために生まれてきたんだ。そういう運命なんだよ」

路面電車ががたごとと音を立てて走るリスボンという街は、サウダーデを連れてくる。ともすれば郷愁の中に身を浸し、そこから抜け出せなくなってしまいそうになる。居心地がいいのだ。

13年前、ルイがヒーローになったリスボンの旧ルススタジアムは、すでに取り壊された。

ユース時代に通った練習場も一緒になくなってしまった。郷愁を振り払うように。色褪せたセピア色が似合いそうなダマイア・ジナジオのクラブハウスは、真夏のような日差しを受けていた。陰影がやけに濃かった。

2006年5月、ルイ・コスタはACミランを退団し、古巣のベンフィカに復帰することを発表。「最後は生まれ育ったクラブでプレーしたい」という願いを叶えることになった。

しかし、長年酷使してきた体はぼろぼろで、ケガに悩まされ満足にプレーできていない。それでも彼は、自らに残された最後の力を振り絞るようにして、ピッチに立っている。契約は1年。2006-2007シーズンがラストシーズンになる可能性は高い。

ルイ・コスタが所属したフットサルクラブ
ダマイア・ジナジオのジョアン・ベルドゥゴ会長

長きにわたり、ポルトガル代表の背番号10を背負った
ルイ・コスタ。今でもリスボンのアイドル

マヌエル・ルイ・コスタ

Manuel RUI COSTA

72年3月29日、ポルトガル、リスボン生まれ。91年にベンフィカでプロデビュー。94年より7年間、イタリアのフィオレンティーナで活躍し、01年に約52億円の移籍金でACミラン入り。06年より古巣のベンフィカでプレーしている。EUROに3回、W杯に1回出場し、04年に代表を引退した。

AFLO FOTO AGENCY

ルイス・フィーゴ
ポルトガル／リスボン

Lisbon, Portugal

文／小宮良之

写真／森本徹

切り捨てられた過去

ポルトガルの首都、リスボン。市内、カイス・ド・ソドレから出港するフェリーボートは、対岸にあるアルマダという街まで、毎日往復を繰り返す。船はけたたましいモーター音を立て、水飛沫を上げながら進む。朝夕は労働者たちの足となり、昼時は観光客を運ぶ。15分間ほど、フェリーは様々な境遇の人々を乗せ、一つの街を遠ざかり、もう一つの街に近づく。

ルイス・フィーゴの生家は、アルマダのコーバ・ダ・ピエダージという地区にある。ありふれた集合住宅の一部屋。真下には、四方を建物に囲まれたコンクリート造りのフットサルコートが佇む。

フィーゴが12歳の時に初めて所属したクラブ、オス・パスティーリャスの練習場だ。どこかで小鳥がさえずり、怒鳴り声も聞こえる。フィーゴ一家が暮らしていた部屋を見上げると、上半身裸の中年男が窓から乗りだし、パンツやら靴下やら洗濯物を干し始めていた。

フィーゴは1991年のワールドユースで優勝。ルイ・コスタ、フェルナンド・コウトらとともに黄金世代と絶賛された。スポルティング・リスボン、バルセロナ、レアル・マドリードで多くのタイトルを獲得。ポルトガル代表としても歴代の代表キャップ記録を更新し、準優勝したE

URO2004後は一時代表から遠ざかっていたが、ドイツワールドカップに出場するために代表復帰を決意して、喝采とともに迎え入れられた。

一方で彼の周りには「ゼニ」や「裏切り」という不穏なフレーズがまとわりつく。

スポルティング時代には、獲得を巡ってセリエAのパルマとユベントスが裁判沙汰になる騒ぎを起こし、バルセロナでは英雄になりながら、宿敵レアル・マドリードに移籍する節操のなさを見せた。バルセロナでは今も〝守銭奴〟と罵られるが、本人は悪びれずに言い放つ。

「レアル・マドリードはオレの働きに見合う金を出してくれた。求めてくれるところに行くのがプロだ」

2005‐2006シーズン、セリエAの強豪であるインテル・ミラノに移籍。当時のレアルの監督、ルシェンブルゴ監督と衝突したのが原因だが、長年プレーした古巣を去るのに一切ためらいはなかった。その生き方に、いわゆる人情味は感じられない。

オス・パスティーリャスのクラブハウスでは、ジョゼ・サントス・シウバ会長から懐かしい子供時代の話が聞けることになっていた。しかし、心が和む思い出話ができる状況ではなかった。

シウバ会長の顔は紅潮していた。

「今日限り、フィーゴとは縁を切る！」

それは、唐突すぎる絶縁宣言だった。

「我々は彼との親交を深めようと、何度も連絡を取ろうとしたんだ。しかし、ただの一度も返事がない。ルイ・コスタを見てみろ。同じくポルトガル代表として成功した彼は、自分が育ったクラブを大切にしている。リスボンに戻ったらクラブを訪ね、子供たちのためにトーナメントを開催したり。ルイスが我々のためにしてくれたのは、サイン入りのユニフォームをくれたことくらいだ。マスコミはお涙ちょうだいの恩返し話を書いているが、すべて嘘。フィーゴが子供たちに食事を振る舞ったなんて記事もあったが、デマカセだ。彼がしてくれたことは何もない。ゼロなんだ。もう私は耐えきれない。君は真実を書いてくれ」

　彼は堰《せき》を切ったように喋った。鬱屈していた不満があふれ出していた。

「私は悲しいんだ。なぜ、彼は自分の過去に愛情を注げないのか。有名になり、スターになれば、過去などどうでもいいのか。彼をこのクラブに連れてきたのは私だし、たくさんの美しい思い出もある。だからせつなくなるんだ。けれど、もう堪忍袋の緒が切れた。ショーケースに飾ってある彼のユニフォームや似顔絵も、全部取っ払うことにするよ。彼が過去を捨てたんだから、私たちも……」

　近所の人の話によれば、フィーゴはおとなしい子だった。ボールと戯れるのが好きな、どこにでもいそうな少年。だがクラブハウスに集まった男たちはそれ以上、彼の少年時代について語りたくはなさそうだった。

「彼はポルトガルに戻っても、ほとんどアルマダには寄りつかない」

一人が嫉妬するようにぼやいた。ポルトガルに戻るとフィーゴは決まって、リスボンから200キロ南にあるバカンス地、アルガルベにある別荘で過ごす。

「どうだ、ポルトガルの海鮮料理はうまいだろ！」

別荘にロナウドやラウルというセレブなスター選手を招き、お国自慢する。ポルトガルに戻ると、慎ましく家族や近所の幼なじみと過ごすルイ・コスタとは、確かに対照的だ。

EURO2004期間中に、代表選手の親友を紹介するテレビ番組が放映された。大半は郷土の友人が出演していたが、フィーゴの親友として紹介されたのは中国系ポルトガル人のパウロ・チーナという人物だった。パウロはアルガルベでバーを営み、フィーゴの別荘の物件なども手回しをする、富裕層の人として知られる。アルマダの人たちはそれを知ってまた悲しくなるのだ。

激昂していたシウバ会長は少し気を取り直すと、「何か飲むか？」とクラブのバーでコーラを振る舞った。隣席では中年男たちがドミノに興じ、ジャラジャラと音を立てていた。80歳を超える老人が不意に立ち上がり、炭酸飲料を指差して怒りだす。

「そんなもん飲むなよ、若いの。それは麻薬みたいなもんじゃ。金儲けをするためだけに作られた。男ならワインを飲め」

老人は赤ワインを飲み干しながら言うと、こう続けた。

「フィーゴとコーラは同じだ。どっちもくそったれのアホ野郎だ！」

会長が「勘弁してやってくれ。気持ちは分かるだろ」といった調子で肩をすくめた。

１９７２年、オス・パスティーリャスとフィーゴは偶然にも同じ年に誕生している。しかし両者はすでに分断していたのだ。


フィーゴは11歳の時に、名門スポルティング・リスボンへ入団する。その時代、スポルティングの練習場は、市内の旧アルベラーデスタジアム脇にあった。

少年は、アルマダから毎日のようにフェリーに揺られ、テージョ川を挟んだ向こう岸にある練習場へと通った。

「とにかく気の強い子でしたよ」

フィーゴを発掘したアウレリオ・ペレイラ育成部長は、今も当時と同じようにスポルティングに心血を注いでいた。彼は思慮深い面持ちで振り返る。

「ルイスは最初、ベンフィカに入団したかったようですが、小さいということだけで落第したのがショックのようでした。スポルティングはベンフィカとは哲学が異なる。選手のサイズではなく、センスがあるかどうかを見抜いて獲得するんです。確かにフィーゴは小さかったですし、その後に育てたシモンも、ウーゴ・ヴィアナもとても小さかった。けれど、みんな立派にポルトガル代表になりました。体格のハンディは埋められる、とルイスにもよく言いましたね」

ポルトガルを代表するクラブ、ベンフィカでのプレーに憧れていた幼き日。そこで味わった挫折が、少年の心を鍛えたのかもしれない。

スポルティングには、同年代のアマラオという選手がいた。彼も天才MFともてはやされ、フィーゴのライバルと見られていたという。だが、アマラオはテクニックは凄いものの練習をさぼる癖があり、試合は展開次第ですぐに諦め、さっさと家に帰りアニメを見るのが好きだった。

一方、フィーゴは真面目な練習の虫。何より負けるのが嫌いな少年で、冷やかす輩はいなかった。

フィーゴはサッカー界のヒーローになり、アマラオは鳴かず飛ばずで引退した。プロフットボール界は残酷で容赦がない。前者はサバイバルに生き残った。

「ルイスはたしかにうまかったですが、誰にも負けないという気持ちを持っている子だったという印象が強いんです。どんな試合でも失敗を絶対に怖れない。簡単なように聞こえますが、これは凄いこと。子供というのは失敗に怯え、逡巡し、萎えてしまうところがあるんですが、彼の場合は弱気になることがなかった。指導した中では、クリスティアーノ・ロナウドが、唯一追随する気の強さを持っていました。ただ、クリスティアーノは身体的に恵まれていましたが、ルイスは小さい体を補うために必死になっていた。その分、ルイスの方が反発心を強く感じさせましたね。誰にも負けられないという強迫観念があった。今でこそ、体も大きくなりましたが……強い心が彼をあそこまで上り詰めさせた。私はそう思います」

ベテラン育成部長は、瞳に優しさをにじませながら言った。

リスボンから海岸線を30キロほど行くと、エストリルという街がある。裕福な人々が避暑に利用するリゾート。そのビーチ近くのオープンカフェで金髪をなびかせ、彼はミネラルウォーターを飲んでいた。ベンフィカ、ユベントス、フェネルバフチェという各国の名門クラブを渡り歩き、ポルトガル史上最高の左サイドバックと謳われたディマスは、「フィーゴのルポを書いている」と言うと、「適役がいる」と友人を連れてきてくれた。

１９９０年代前半に、〝ポルトガルの心臓〟と形容されたMFオセアノ。褐色の男は43歳とは思えない、筋骨隆々とした肉体を保っていた。

「オセアノは体を鍛えるのが趣味だからな」

親友であるディマスが茶化す。二人はFIFA公認エージェントの会社「jod」を興したばかりだった。

「ルイスは死ぬほどフットボールが好きなんだ。狂っているんじゃないかと思うほどにね」

フィーゴが16歳でスポルティングのトップチームに昇格した時、オセアノはチームキャプテンだった。教育係を任された彼は当時、運転免許のなかったフィーゴのために送迎役を買って出た。が、しばらくすると呆れてしまう。毎日毎日、彼は居残り練習に付き合わされ、1時間以上も待たされたのだ。

「いい加減にしろ、ルイス！　俺様を運転手だと思っていやがんのか」

ある日、彼はわざと叱りつけるように言った。

「でもオセアノさん！　僕は体が小さいから人の倍は鍛えなくちゃダメなんです。いい選手になりたいから、我慢して下さいよ」

オセアノは呆気にとられ、同時に頼もしかった。「こいつはものになるかもな」と。

「練習後、飽きるほど腹筋をしていた姿は印象に残っているんだ。うまい奴というのは腐るほどいるんだが、うまい奴ほど努力をしないもんでね。あいつは自然にトップの選手に混ざっていた。先輩にも平然と口ごたえしてね。ルーキーはたいてい物怖じし、遠慮してしまうんだけど、ルイスは堂々としていたな。それと、とにかく負けた時のあいつはもう悪人みたいな顔をしていた」

親善試合だろうと、紅白戦だろうと、思うようにならないと自分に怒りをぶつける。周りが気を遣うほどに近寄りがたかった。また監督に交代を告げられた時も、悔しさと怒りを隠そうとしなかったという。

「気にするな」

いくらそうなだめても、そんな瞬間はどうしようもなかった。だから、チームメイトもフィーゴとはフットボール談義をしなかった。

「他のことを話していると面白いんだが、フットボールの話になると気難しくなる」

彼は豪快に笑った。

オセアノは「ルイスはもうすぐ現役を引退する」と予言する。ポルトガルでは「古巣のスポルティングで最後にプレーして身を引く」と噂されているが、彼は首を横に振る。

坂の多いリスボンの街を走る、路面電車

上／スポルティング・リスボンのアウレリオ・ペレイラ育成部長
下／「オス・パスティーリャス」のコート

「ルイスは感傷でプレーするタマじゃない。自分のベストプレーができなくなったらこの世界から去るだろうよ。一番が好きなのさ。ベストプレーができるなら、わざわざスポルティングに戻る必要はない。あいつはそういう奴だ」

では、もしフィーゴがサッカー選手になっていなかったら？

「何かを送り届ける仕事だと思う。責任感が強いから。たとえどんな困難が押し寄せようとも仕事として託されたら、プロとしてその〝何か〟は必ず送り届けるんじゃないかな」

夜7時30分。赤い照明灯の下に、GKを含めた7人の子供たちが、各自持ち寄ったユニフォームやTシャツを着て集まっていた。ボールタッチは不器用で、同じ空間からフィーゴのような才気が生まれたとは到底信じられなかった。フォーメーション練習で動き方が分からず、まごまごしていた少年が、腹筋30回をコーチに命じられていた。集合住宅の各家庭では、夕飯の時間が始まった。温かい光がぽつぽつと灯っていた。

「ゴール！」

アンゴラ系の黒人少年が、他の子供たちと比べるといくらかしなやかな動きで、ゴールネットのない枠の中にシュートを蹴り込んだ。

「フィーゴよりもうまくなりたい！」

マントラスという名の彼は、強気に言い放った。大人たちから先輩フィーゴの不義を聞いているのか。他の子供たちも、「フィーゴを超えたい」と言い、「フィーゴのようになりたい」とは口にしなかった。

あるいは、フィーゴは不器用すぎたのかもしれない。ルイ・コスタのように古巣に気配りができれば、彼は広く愛されていただろう。プロという過酷な世界にいても、薄情な男と後ろ指を指されることはなかったに違いない。「援助してくれないから」という理由で、故郷から縁を切られてしまう。それは、あまりに不幸な話にも思える。

置き去りにされた過去は、男の孤独な戦いを投影し、彼の生き方を象徴していた。

「みんなオレのカネを狙っている」

彼はあるインタビューで寂しげに告白していたことがある。周囲が彼の生き方を決めたのか、それとも彼がそういう生き方を選んだのか。その問いに対する答えはない。しかし、彼の両親は息子が大金を掴むと別居し、家族はアルマダから方々に離散していった。

今日もフェリーは土色に濁ったテージョ川を往復する。

かつてこの風景を眺めながら、練習場に通った少年がいた。彼は一人で船内から遠くを見つめ、挑戦を決意したのかもしれない。どれほど中傷を受けようと、「オレを高く買ってくれるところでプレーする」という哲学を、彼は貫き続ける。そこには情には流されまいとする、孤高な男の肖像が浮かぶ。

人々を乗せたフェリーが対岸に近づいた。低い汽笛が二度短く鳴った。

ルイス・フィーゴ

Luis FIGO

72年11月4日、ポルトガル、リスボン生まれ。スポルティング・リスボンでプロデビュー、95年にスペインのバルセロナへ移籍。さらに00年にはライバルのレアル・マドリードへ移籍し、騒動となる。05年よりイタリアのインテルに所属している。00年にバロンドール、01年にＦＩＦＡ最優秀選手。

Ari Takahashi

ラウル・ゴンサレス
スペイン／マドリード

文／小宮良之

写真／森本徹

Madrid, Spain

創られたヒーロー

「オレがトラックなら、彼はフェラーリ。才能が違う。なのに彼はストイックで、マッサージも納得いくまで受ける」

スペイン史上最高のセンターバックと言われるイエロは、英雄の器と誠実さを語った。

「デビュー戦後の帰りのバス。シュートを外しまくった彼を慰めてやろうと側に寄ったら、気持ちよさそうに居眠りしてやがった」

レアル・マドリードでプレーし、監督、GMを歴任したバルダーノは、英雄の豪胆さについてそう言及した。

「力んで走らんでいい、と言ったよ。守備は仲間に任せ、どんと構えていろと。でもあいつは真面目で働き者だからな」

マドリードの生ける伝説、ディ・ステファノは英雄の勤勉さを讃えた。

英雄像は決して汚されてはいけない――。

それは掟だ。マッサージを受けるためにチームメイトをバスで待たせても、居眠りをしてあつかましく見られても、ボールを追い回すのは自分がゴールするためのエゴだとしても。

それは意図的に賛歌として修正される。イメージは守られなければならない。

ある記者は「彼は創られた英雄。俺たちが創り上げた」と語る。

「スペイン国内で記者が彼をこき下ろせば、仕事がしにくくなる。一面にするだけで新聞の売り上げが全然違うから。けれど、彼は俺たちが新聞を売るために必要とし、創り上げたヒーローでもあるんだ。だから国民も彼のことは愛する。だが、彼の気まぐれや自分勝手を憎んでいる人間は少なくない。いつか叩きのめしてやると」

しかし、と彼はため息をつく。

「あの男は、英雄として経歴を終える。たとえ虚像であっても、誰にもできない結果を残してきたから」

事実、ラウル・ゴンサレスは多くの伝説を創り出してきた。

マドリードで17歳にしてトップデビューを果たし、老いた英雄ブトラゲーニョを追いやった。

それからの記録は燦然と輝く。４度のリーグ優勝、３度の欧州チャンピオンズリーグ優勝、２度のトヨタカップ優勝。スペイン代表としても歴代の得点記録を塗り替え、代表キャップ数も１００回を超えている。

しかし、英雄は陽と陰を持つ。ラウルの陰。それを知っている男がマドリードにいた。

レアル・マドリードのホーム、サンチャゴ・ベルナベウ近くのホテル。彼はサロンにあるソファに座り、机にアルバムを広げ、一つ一つの写真を丹念に説明し始めた。それぞれに思い出が詰まっている。語り出すと言葉が感情的になり、話は行きつ戻りつして、時々しどろもどろになる。そこにある思い出は、彼の人生にとってかけがえのないものに違いなかった。

「私はラウルを発掘し、育てた人間だから」

フランシスコ・デパウラは少し早口に、そう自分を紹介した。

57歳になるデパウラは、現役時代はラージョ・バジェカーノ（当時2部）のストライカーとして活躍。引退後はユース年代の指導に尽力し、80年代後半からはアトレティコ・マドリードのジュニアユースを率いていた。

運命的なその日。彼はいつものようにマドリード郊外の貧民街、サンクリストバルを車で流し、ストリートサッカーに興じる子供たちを眺めていた。スペインではジュニア年代の監督はスカウティングも兼ねる。

「面白い子がいるな」

彼はふとサイドブレーキを引き、その少年をしばらく見つめることにした。

痩せっぽっちで背も低かったが、ボールに食らいつく姿勢やコントロールは図抜けていることが分かった。気がつくと車を降り、その少年に話しかけていた。男の子の名前はラウル・ゴンサレスといった。

父親がいるという家まで一緒に行き、身元をあかし、自分のチームに引き入れたいと話した。

父親は最初渋ったが、デパウラは「自分がアトレティコの練習場まで連れて行く」と約束し、話はまとまった。傍らにいた12歳の少年は「ロベルト・バッジョのような世界一の選手になりたい。レアルは嫌い。アトレティコが好き」と目を輝かせていた。

「ラウルは、狂信的にサッカーが好きでしたね」

デパウラは振り返る。

「例えば週末、自分の試合がないと父や私に頼み、4、5試合をハシゴして見に行ったり。プレーを研究していたんです。練習はいつも最後まで。私もよく付き合わされました。いかにスペースを作り、マークを外すか。私もFWだったのですべてを伝授しました。〝FWは突っ立つな、疲れても前からボールを追え！　ボールは必ずこぼれてくる〟と。彼はそれを今も実践していますよね。まあ、ゴールに対する貪欲さは当時からうんざりするほどでした。18対0で勝っているのに、ゴールをした後に球を脇に抱え、ダッシュでセンターサークルに戻るんですから」

ラウルがアトレティコ・ユースに入団した1990年。チームは308得点、1失点でリーグ完全優勝を果たす。ラウルは65得点を記録し、ギネスレコードに認定された。2トップの相棒がオリベルという名前だったので、地元少年たちの間では「オリベルとベンジ」という異名で有名になった。オリベルとベンジは、スペイン版「キャプテン翼」のタイトルだった。

デパウラは、この頃から確信していた。

「細身でプロは無理という評価もあったが、この子は世界一になると豪語していました。みんな

アトレティコ・マドリードのユース時代。
下段中央、キャプテンマークを巻いているのがラウル

ラウルが主将を務めるレアル・マドリードのホームスタジアム、
サンチャゴ・ベルナベウ

は笑って聞いていましたけどね」

3年目の1992年、アトレティコ・ユースはスペインジュニア全国選手権に進出。テネリフェで行われた決勝大会でも、順調に勝ち上がる。決勝はレアルを破ったセビージャとの一戦。ラウルにとって、それは3年間の集大成を飾る試合になるはずだった。経費削減のため、アトレティコの下部組織はこの大会を最後に解体されることが決まっていたからだ。

彼は猛然とゴールに迫るもシュートは入らず、試合は延長を終えて0対0でPK戦に。結局チームは優勝するが、不発のエースはPKまでも外す。恩師は明かした。

「練習ではPKを簡単に決めましたが、試合になるとダメ。PKのセンスはなかった。だから蹴りたいと言っても、蹴らせませんでした。決勝戦のPKも大きく枠を外して。今も彼はPK成功率が低い。EURO2000でもここ一番のPKを明後日の方向に飛ばし、スペイン代表は敗退しました」

微かだがその言葉には毒が混じっていた。

アトレティコの下部組織が消滅後、当時レアル・マドリードの下部組織を統括していたビセンテ・デル・ボスケと話し合い、ラウルの落ち着き先を決めたのはデパウラだった。自らが発掘し、3年間の指導で非凡な得点感覚を磨かせた恩師は、ラウルを息子のように思っていた。

「ミステル」

デパウラはラウルに、監督を意味する敬意ある呼称で呼ばれていた。

ただ、デパウラはレアル・マドリードに監督として迎えられたわけではなかった。スカウティング部門の人材として、さらに言えばラウルを獲得するために招聘されたに過ぎなかった。

恩師と教え子の距離はたった1年で歴然と開く。1994年にレアルのルーキーとしてデビューした17歳は、一気にスターダムに上り詰めていった。

「ラウルはその頃から変わっていった」

デパウラは寂しそうに語る。

「彼は不可侵の存在になった。ラウルがやることはすべていいこと。マスコミやファンは彼を持ち上げ、本人もその気になり、自分の過去を切り捨て始めた。彼の周りはセレブたちで固められ、彼自身、自分を特別だと考えるようになった」

ラウルがレアルでデビューした頃、故郷では応援団が設立された。だが、彼らは素っ気ない英雄に失望するだけだった。

アトレティコ時代の友人たちは、チームメイトの出世を心から喜んでいた。しかし遠征先の同部屋で夢を語り合っていた友人は、「おまえなんて知らない」という旧友の態度に言葉を失った。両親は息子の稼ぎで幾ばくかの金を掴むと、一等地に居を構えた。

そして呪うような調子で恩師は言う。

「1998年、私は心臓発作で入院しました。コーチをする傍ら、タクシーの運転手をしていたんですけど、1か月の入院生活で経済的に苦しくなって……。どうしようもなく、ラウルに50万ペセタ（当時のレートで約30万円）ほど借金を頼んだんです。当時の彼の稼ぎを考えればなんでもない金額だったし、しかも借りるだけでしたから。彼も一度はオーケーと言った。けど、なかなか振り込んでくれないので連絡したら、〝家族にダメだと言われた〟と結局は断られて。彼は一度も見舞いに来てくれませんでした。テネリフェで優勝を決めたロッカールーム。私はラウルに感謝の印にケーキをぶつけられた。あの頃が懐かしい。彼は変わってしまった」

デパウラの個人的恨みによる視点に過ぎないかもしれない。ただ断言できるのは、英雄は「サッカーが好き」なだけの無垢な少年ではいられなかったということだろう。

一流になる者とそうでない者との溝。スペイン王者になるチームが解体される社会の現実。レアルで叩き込まれつつある帝王学。それらを照らし合わせ、彼は強く生きることを選んだ。一流になるために。それを自問し、金を無心しに来る輩と付き合いたくなかったとも考えられる。

「オレがあんたを金持ちにしてやる」

ラウルは最初の代理人に宣言しているが、彼にはそうした野卑な横柄さがあった。裕福な家庭に生まれなかった青年は、生来の品の良さを身につけてはいなかった。

人一倍強い、金や名誉に対する執着心が先行する。ただそれでも「一流になりたい」という野望が、彼の衝動を駆り立てた。

デビュー以来、飛ぶ鳥を落とす勢いだったラウルだが、興味深いことに1997-1998シーズンは成績が落ち込んでいる。原因不明の視力障害で、眼鏡をかけなければ日常生活もできないほどだった。

数か月して視力が戻る。その時、彼の目は何を見たのか。世間はブトラゲーニョという英雄の失墜以来、後継者を求めていた。

ラウルはアトレティコでも英雄になっていたかもしれない。下部組織が存続していれば、師弟関係は引き裂かれることもなかったろう。だが実際には絆は切れた。二人をつなぐのは、デパウラが後生大事に抱く、「オレを見つけてくれた恩師へ」というサインが書かれた自伝と、代表デビュー戦のユニフォームだけだ。

サンチャゴ・ベルナベウでは、春の陽光が無機質なコンクリートを暖かい色に照らしていた。空は青く、うっすらと白い雲がかかる。巨大なスタジアムは荘厳さをたたえ、それは頂点を目指すものしか受け入れない。

「ラウルは悪くない。周りが彼をあんな人間にした。何が英雄だ！　英雄なら謙虚になるべきだろう。故郷を大事にして。セレブとしか付き合わないなんて……。でも、あいつの力は信じている。あいつはダメと言われている時こそ、やる男なんだ」

デパウラは取り繕うような笑顔で言ったが、彼のメッセージは届かない。

１９９８年の一件以来、二人は音信不通が続いている。ふと足元を見ると、長く陰鬱な影が伸び始めていた。

ラウル・ゴンサレス

RAUL Gonzalez

77年6月27日、スペイン、マドリード生まれ。92年にレアル・マドリードへ入団、94年にプロデビューを果たす。以降リーグ優勝4回、チャンピオンズリーグ優勝3回。96年にスペイン代表デビュー。06年8月にスペイン史上2人目となる代表通算100試合出場を達成した。

Tomohiko Suzui

アレッサンドロ・デル・ピエロ
イタリア／トレビゾ

文／小宮良之
写真／高橋在

Treviso, Italy

静かなる天才

2004年10月19日。欧州チャンピオンズリーグ、ユベントス対バイエルン・ミュンヘンという試合に、彼は10番を背負って出場したが、そのプレーはまったく精彩を欠いていた。

前半13分、ゴール前に出たチャンスボールに右足を振り抜くも、腰の回転に切れがない。シュートは勢いなくGKの胸に収まった。

記者席では気まぐれなメディアが、「彼はもう終わった」と囁き合っていた。全盛期は戻ってこないと。一方、デッレ・アルピ・スタジアムのゴール裏に陣取ったティフォージたちは祈っていた。英雄がまだ終わってなどいないことを。

交代が告げられた直後、応援歌に力がこもる。彼らの一人は言う。

「キャプテンが足首の痛みに堪えながら出場していることは知っていたからね。実は、第4節のパレルモ戦でひどいプレーを連発した時に、俺たちは痛烈に野次を飛ばしたんだ。激痛に耐えながら、〝チームのため〟と敢然とピッチに立っていたことを、その時は知らずに……。だから、今夜の大合唱には謝罪の意味がこめられていた」

黙して語らず。言い訳を口にしない。その凛とした潔さが愛される。

試合後、英雄はゴール裏に歩み寄り、ユニフォームとパンツ、それにチームジャージを人混みに投げ込んだ。

イタリア北部のベネト州、トレビゾ県にあるコネリアーノという小さな街で、アレッサンドロ・デル・ピエロは生まれた。

幼少の頃、彼が駆け回っていたピッチが今も残る。教会の裏。デコボコが目立ち、雑草にまみれた芝は所々がはげ、ゴール裏には国道が走る。少年はそのピッチを跳ねるように駆けていた。クラブ名はサッコンといった。イタリアでは教会が児童の課外活動に奉仕するケースが少なくない。神父であるドン・グイードは、深い皺に柔らかな表情をにじませて言った。

「小さい時に、神様にお祈りすることも必要よ、とお母さんに諭されて礼拝に来るようになったんです。ただ、彼が好んだのはボールを蹴ることでした。それは神父としては少し残念なことでしたが、あの子の試合を見るのはとても好きでした。当時から、非凡なプレーを見せてくれましたから」

アレッサンドロ少年は、ボールを蹴って帰ってきてはよく風邪を引いた。汗をかいた体を拭かずにいたからだ。当然、母親には叱られた。

「あなた、ボールを蹴るのはいいけど、そんなにママを心配させるんなら、汗をかかないGKでもやってちょうだい！」

アレッサンドロはえへへ、と笑う。たしなめられたことにも気づかずに。
彼はフットボールに夢中だった。

「優しい子でした。それは今も変わっていません」

ドン・グイードは、今でもアレッサンドロの試合は欠かすことなく観ている。彼は心配と憤慨と賞賛を、均等に表情に混ぜて言うのだった。

「アレッサンドロがケガをしている時、その箇所を激しいタックルで狙ってくる選手がいる。これは、いくらプロスポーツといっても、カトリックとしては決して認められない行為です。アレッサンドロが偉いのは、たとえそういう行為を受けても報復をしないこと。ぐっと耐えて我慢している。あの姿を見ると、人間として大きくなってくれたなと思います」

アレッサンドロが地元クラブのサンベンデミアーノに入団したのは、7歳の時だ。

今も少年たちを指導し、アレッサンドロにとって最初のコーチとなったジュゼッペは懐かしそうに振り返る。

「彼が6歳頃だったでしょうか。兄がプレーしていたので練習を見にきたんです」

アレッサンドロは母親のスカートにしがみつき、隠れて恥ずかしそうに練習を見ていた。だが、ジュゼッペが〝プレーしてみたいか？〟と聞くと、迷わずに頷き、熱っぽい目をした。

7歳で8歳のチームに入団すると、少年は年少者にもかかわらず、すぐに頭角を現す。いつの間にか、ほとんどの子供たちが彼のドリブルやボールの持ち方をマネするようになっていた。

「ただね、同じリフティングの技でも、あの子がテニスボールで成功するのを、他の子たちはサッカーボールを相手に必死に格闘していました」

13歳になる頃には、地元で〝サンベンデミアーノの天才〟として有名になり、トリノ、パドバというセリエAを舞台に戦う強豪クラブからオファーがきた。

ジュゼッペはコーチとして両親と話し合ったという。

「噂を聞きつけたスカウトがやってきて、すぐにアレッサンドロのプレーが気に入ったようでした。トリノは熱烈で年俸も提示してきましたし、1年間サンベンデミアーノでプレーしてから正式に入団するという具体的なオファーでした。ただ、トリノに行くとなると、おいそれとは帰ってこれない距離なので両親も心配しまして。結局、週に2日間は実家に戻れるパドバに移籍することになりました。私が彼に教えたこと？　うーん、相手をリスペクトしろ、とはよく言い聞かせました。けれど、そんなことを言わなくても、彼はよく心得ていましたから。選手としても、ディフェンスはさぼらなかったし、ポジショニングというものをよく理解していた。何十年に及ぶ長いコーチ生活で彼だけですよ、何も指示しなくてよかったのは。希有な才能の持ち主だったんです、あの子は」

少年はいつも練習時間の前に来ては、得意のフリーキックの練習をしていたという。一番上手かったが驕ることはなかった。

「お喋りではなかったが、そういう存在感が自然にリーダーの風格を身につけさせたのではないでしょうか」

ジュゼッペはそう言って、一つの逸話を聞かせてくれた。

ユベントスでのデビュー戦、ジュゼッペはこっそりと試合を見に出掛けた。アレッサンドロはベンチスタートだった。彼はそれを眺めながら、「アレッサンドロを出せばゴールして勝てるのに」とぼやいていた。

それを聞いた隣りの客が、「どうしてあなたにそれが分かるんです？」と問うた。ジュゼッペは急に気恥ずかしくなり、「いや、同じ街のものでね」とお茶を濁した。だが、途中交代で出場したアレッサンドロは本当にゴールを決める。ジュゼッペは嬉しい気分になり、「彼はもっといい選手になりますよ」と言い残し、試合が終わる直前にスタジアムを後にした。

「アレッサンドロが、最初にボールに触った時？　ゆりかごの中にはボールが入っていましたから（笑）」

9歳上の兄ステファノは、その時代を愛おしむように振り返る。優しい表情がどこかアレッサンドロと重なる。話をする時の、手の動かし方や仕草もどことなく似ていた。

「学校をさぼる時、地元の子供たちはここに来るんです」

彼はそう言って、取材者たちを丘の上まで連れていってくれた。

「僕は9歳上だから、一緒に試合をする友人たちと比べると、弟は本当にチビでした。それでも、弟はいつも僕と同じチームでプレーしたがりました。物怖じ？　そうではない。なぜなら、僕たちには〝遊び〟という感覚があるんですけど、彼だけはどんな勝負でも勝利に対して執念を燃やしていましたから。勝つことにこだわりがあった。彼は僕と一緒にゴールの喜びや楽しさを分かち合いたかったのでしょう」

弟は年が離れた兄をマネしたがった。U2。ラザニア。ユベントス。小さな頃からユベンティーノだった兄の影響もあって、アレッサンドロはプラティニやチームのポスターを部屋に貼っていた。もちろん、カルチャトーレとしても兄は弟のヒーローだった。地元クラブでスカウトされ、サンプドリアのユースに入団したという事実は、さらに兄の威厳を大きくしたことだろう。

だが、ステファノはサンプドリアではプロになることができなかった。当時の監督だったマルチェロ・リッピの判断だったといわれる。

運命とは数奇だが、アレッサンドロがユーベで師と仰ぎ、数々のタイトルを手にすることになった名将が兄弟をつないでいた。そこで率直にぶつける。

「兄は弟の才能に嫉妬を抱かなかったか？」

彼は少し困ったように、だが「面白い質問ですね」と一拍をおいて答えた。

「嫉妬というのは違う。けれど、いつも〝デル・ピエロの兄〟という修飾句が付いて回りますからね。確かにいやだな、って思うことはありますよ。けれど、誇りでもあるんです。彼の兄として今日のように取材を受けて話すことも。だから、変なことはできないな、ということはありま

下／デル・ピエロが幼少の頃に駆け回っていたグラウンド
右／デル・ピエロの兄、ステファノ・デル・ピエロ
左／サンベンデミアーノのジュゼッペ監督

すよ。もし私がおかしな言動をすれば、彼に迷惑がかかりますから」

彼はそう言うと、丘から見える景色に視線を投げた。晴れた日は街が一望できるという。そんなことは1年に一度あればいい。この日も曇天だった。日常が緩やかに流れていく場所。ステファノは確信に満ちた目で言う。

「弟はカルチョのために生まれてきた。才能と情熱をどちらも持っていたんです」

プロの階段を上ろうとした兄は、弟がいかに天賦の才に恵まれていたかを知っていた。

では、もしアレッサンドロにその才能か情熱のどちらかが欠けていれば、どんな職業を選んでいたのか。兄は即答した。

「きっと、トラック運転手ですよ。自分でも言っているから。長距離トラックでいろんな街を巡ってみたいそうですよ。けれど、本当の長距離トラックはいろんな街を通り過ぎるだけで、今と同じなんですよね。遠征でいろんな街には行きますけど、ほとんどがスタジアムだけで街なんか味わえないんですから（笑）」

アレッサンドロは性格は明るいが無駄なことは話さないという。無口に仕事をやり遂げる。たしかに長距離トラックの運転手は向いているかもしれなかった。

初めて親元を離れて暮らすようになったパドバ時代。アレッサンドロは決して愚痴をこぼさなかった。生活の変化は急激で、孤独感に苛まれることもあったはずだ。兄は、「両親を心配させたくなかったんでしょう。家に戻ってくると平気な顔をしていました。そういう奴なんですよ、弟は」と説明する。そして補足するのだ。

「あいつの生き方は、父さんにどこか似ているかもしれない」

アレッサンドロがまだ小さかった頃、彼は家の裏庭でよくボールを蹴って遊んでいた。しかし、当然だが日が暮れてしまうと暗闇でボールは見えなくなる。そこである日、電力会社に勤めていた父は、息子には何も知らせずに、電球をその裏庭に取り付け、〝ナイター設備〟を整えた。

そしてある夜、魔法でもかけるように電球でピッチを照らしたのだ。少年がはしゃぐ様子は容易に想像できる。多くを語らない美徳。優しさの意味。静かなる情熱。息子は父の偉大さを知る。兄は静かに笑った。

「最近、父と弟は顔までそっくりになってきました」


そして、1998年フランスワールドカップ後に左膝の靭帯を損傷する大ケガを経験したが、彼は黙々と乗り越えた。

約9か月のブランクは天才的プレーの輝きをかげらせたが、打ちひしがれることはなかった。なかなか調子が戻らずに容赦ない非難も浴びたが、彼は怒るでもなく、無視するでもなく、自分の中のスポンジに吸収させ、ひたすらに自分を信じてプレーを続けた。そして、02‐03シーズン、スクデット連覇。復活を遂げた。

2002年2月、アレッサンドロは父を亡くしている。

「お父さんの死はアレッサンドロにとって、屋根がなくなった気分だったでしょう。しかし、そのことを彼は受け入れ、人間として成熟しました」

アレッサンドロとは1996年から親交を温め、2000年から正式にマネージメント業務を任せられている「コンパクト」の宮川ゼンジロウ氏は語る。

「アレッサンドロはユーベのフラッグになりました。もうたんなるサッカー選手ではなくなった。ただ、彼は派手なパフォーマンスで人を引きつけるタイプではない。何というか、お父さんと性格はよく似ている。彼のお父さんは表に出てくる人ではなかった。男は黙ってという人で。それはベネト人の徳といえるかもしれません。寡黙で真摯。それが人を引きつけるのです」

では、天才カルチャトーレはどんな終わりを迎えるのか。

「一緒に走り続けてきた」というマネージャーも、伝説の最終章は読めないと言った。

「アレッサンドロは限界説の話になると、冗談めかして言う。〝僕はまだまだやれる。これから始まるのさ〟。我々もコンディションが戻れば、もっといいプレーができると信じています。あと数年もすれば現役は終わるかもしれませんが、彼は引退してもきっと自分の道を見つけるでしょう。例えば僕らがマネージメントしているジャン・アレジはF1を辞めましたが、今も走り続けている。一流アスリートというのはそういうものなのです」

終わりを知るには始まりを知らなければならないが、始まりを知っても終わりは見えなかった。

神父ドン・グイードは語っていた。

「父の葬式があっても、すぐにアレッサンドロはピッチに立ちました。ゴールもしています。それを父に捧げて。もちろん、それはプロの選手として素晴らしいことでしょうが、私は少し悲しかった」

サンベンデミアーノのジュゼッペコーチは優しそうな顔で言った。

「彼のような才能にはもう会えないかもしれません。しかし、彼に会えたことが幸福なのかもしれないですね」

かつて弟にとって憧れだった、兄ステファノは照れるように言った。

「今では、どちらが兄か分からない時もある（笑）」

夕方になると、サンベンデミアーノでは6歳の少年たちの試合が始まった。ピッチに整列する子供たちの顔は大人びていたり、おどおどしていたり、いろいろだ。

スタンドには我が子の勇姿、あるいは泣きっ面を見るために親たちが陣取っていた。

「君たちは何をしに来たんだ？」

チームの関係者の一人が取材者に尋ねてくる。アレッサンドロのことを知るために来た、と伝えると、納得したように頷いた。そして、ある少年を指さして「あの子は才能がある」と教えてくれた。アレッサンドロに比肩できるとは思わなかったが、「そうですね」と曖昧に頷く。コーチの指示が静寂を破り、ピッチを囲む木々は紅葉し、曇天に少しだけ色合いを付けていた。ゴールが決まった。小さな輪が緑の芝生の上にできていた。

アレッサンドロ・デル・ピエロ

Alessandro DEL PIERO

74年11月９日、イタリア、トレビゾ生まれ。パドバを経て、93年にユベントスでセリエＡデビュー。以降、ユーベ一筋でプレー、05―06シーズンまでにリーグ３３１試合出場、１３４得点を記録した。代表デビューは95年３月。ＥＵＲＯは04年大会まで、Ｗ杯は06年大会まで、ともに３大会連続出場。

Ari Takahashi

ジャンルイジ・ブッフォン
イタリア／カラーラ

文／小宮良之

写真／高橋在

Carrara, Italy

アスリート一家に生まれて

教会の鐘が低い音で鳴り響く。路上からの声援がそれに重なる。

少年は走っていた。骨格のいい大人たちに混じった細く小さい体が、一際目立っている。幼さに満ちた頬が赤みを帯びていく。ゴールが間近に迫る——。

「7歳の少年が12キロマラソンに出場し、完走」

それは地元ではちょっとしたニュースになった。その大会で手にした小さなトロフィーは、今も実家に飾られている。少し埃をかぶり、銀メッキが剥げてきた像。そこに、彼のアスリートとしてのルーツが映る。世界最高のGK、ジャンルイジ・〝ジジ〟・ブッフォンの幼き日々だった。

ブッフォンの運動能力は、生まれながらにして非凡だった。父は砲丸投げの選手としてイタリア大会優勝、母は砲丸投げのイタリア記録を保持する。二人の姉はバレーボール女子セリエAのスター選手で、いずれもイタリア代表を経験している。イタリア代表GKに上り詰めたブッフォンにも、運動競技者として優秀な遺伝子が宿っていたことは間違いない。

「西部劇のガンマン」

ユベントスの守護神のセービングを、ある人はそうたとえた。相手のキックを読み切り、神業的な間合いでアタッカーを出し抜いてしまうからだ。反射神経、動体視力、ジャンプ力……常人の域を超えた身体能力が彼を超人にした。

だが、それだけなのだろうか。受け継いだ血だけが、彼を超人たらしめたのだろうか。


トスカーナ州にある小さな街、カラーラ。春光が穏やかに差す。大理石の産地として世界的に有名な街は、ひっそりとした午後を迎えていた。

「いらっしゃい、ようこそ」

黄色と緑に彩られた、小綺麗な門扉が開く。ふくよかな女性が玄関で手招きしていた。イタリアが世界に誇るＧＫの面影が、その笑顔のどこかにあった。

「これは日本のファンがジジに送ってくれたものなのよ。ジジは愛されて幸せ者ね」

ブッフォンの母、マリア・ステッラは満面の笑顔を浮かべると、天井から吊された風鈴を指差して言った。

そして「だから日本からの取材は歓迎なの」と言い、分厚いアルバムを出し、それぞれの写真に説明を加えた。古ぼけた一枚の写真。幼いブッフォンを抱きかかえた母親が、息子のとぼけた顔を覗き込んでいる。そこには幸福感が凝縮されていた。

「手の掛からない子でしたね。人の言うことをよく聞いたし、真面目な子で」

砲丸投げで鍛えたマリア・ステッラの二の腕に、愛犬ウーゴがまとわりついた。

「趣味といえば、サッカー選手のカード集めだったかしら。好きな選手のカードを友人と交換したり。好物はたこのマリネ……それから、私の母がパスタレストランを経営していたので、トルデッリというラビオリのようなパスタが好きでした。好きなクラブチームは近郊のジェノアだったけど、コロコロ変わって〝浮気者〟でしたよ」

9歳の時、彼はフットボールクラブに入団する。

「やはり父親の影響ではないでしょうか」

母は遠い日の記憶をなぞった。父と息子は、フットボールの話になると止まらなかったという。試合には二人でよく出掛けた。陸上競技を引退後、カルチャトーレになった父は、息子の尊敬の的だった。

やがてブッフォンは、教会が運営する隣町スペツィアのクラブでプレーするようになる。それは上のカテゴリーでコーチをしていた父が「ウチの坊主はいいぞ」と推薦したからだった。少年はいつも父の後を追いかけていた。

当時のブッフォンのポジションはＦＷだった。

大柄な体を生かしたプレーで、ゴールを量産する。年齢に似合わず、空中で捕らえるボレーシュートやオーバーヘッドが得意で、得点王やＭＶＰに輝いている。

10歳になると故郷カラーラに戻った。彼は地元クラブでも相変わらず、喜々としてゴールを決めていた。しかし、12歳の時に転機が訪れる。

「GKがやりたい」

母は「理由はなくて。なんとなく」と説明したが、もし理由を見つけるとすれば、「ジジは昔からダイブすることが好きな子だったから」と話す。

自宅近くにある浜辺に行くと、少しも怖れることなく砂に飛び込む。心地よい痛さを楽しむように。ダイブし、着地する感覚をもてあそぶ。芝生があれば、寝ころんで衣服を緑で汚す。宙に浮く一瞬に、たまらない境地を覚えているようだった。

そして、少年の中でGKに対する憧れが形となる。

一人のアフリカ人GKをテレビで見た時だ。1990年イタリアワールドカップ。イタリア代表の試合はもちろん欠かさず観戦していたが、彼が熱い視線を送っていたのは褐色の肌のGK、ヌコノだった。

ソファで見ていた彼は、テレビに釘付けになりながら強く思った。

「彼のように高く飛び、美しくピンチを救ってみたい」

憧れの選手は？　ブッフォンはそう聞かれると、今でもカメルーンの伝説的GKヌコノの名前を挙げる。「次々とシュートを弾くプレーに憧れた」と言い、人間離れした跳躍力で大地を蹴り、空中で華麗にボールを弾く姿が「漫画のヒーローのように格好良かった」と言う。

そして彼は導かれるように、GKというポジションに没頭していく。ゴールを奪い取る喜びよりも、華麗に防ぐ姿に、彼は魅せられた。

少年は正GKがいた所属クラブをそそくさと去り、ゴールマウスが空席になっていたチームに移籍する。プロのスカウトたちはすぐに非凡さを見抜いた。ACミラン、インテル、パルマ……ビッグクラブから呼び声がかかる。

13歳、彼はパルマの寮に入り、プロとしての道を歩んでいくことを決める。

「私は母親だから、あの子が実家を離れて暮らすのは寂しかったわ。でも、ジジは悲しそうな顔は見せなかった。もしかすると、悲しかったのかもしれないけど、あの子はそれを外に出さなかった。ジジが目に見えて悲しそうにしていたのは、おじいちゃんが死んだ時だけ。どんなことも、自分の中で解決する子供だった。とても成熟していたわね、幼い頃から」

彼女は大人びた息子の姿を思い出すように言った。

「パルマ時代は、熱が出ると私が看病に行ったの」

そう言う次女ベロニカは、2005年に、スポーツカジュアルブランド「Baggage」を弟と立ち上げた。ブッフォンが結婚するためには、「二人の姉の免状が必要」といわれるほど、信頼関係は厚い。

「ジジは心が広いというか、器が大きいというか、慌てない。昔からそうだったわ。いたずらもほとんどしたことないし。いい意味で、大人びていた。むしろ私や姉の方がよくからかったり」

姉二人はテレビ局と〝共謀〟し、弟にドッキリを仕掛けたことがある。長女が街中で半狂乱に陥り、我を失う。妹も仕掛け人だ。ブッフォンがどうしていいか分からずにいる、するとそこで……「ドッキリでした！」とリポーターが出てくる。その仕掛けは成功した。

だが、むしろ彼はそうまでしないと慌てない男として認知された。

1999年、ブッフォンと姉たちはジュビレオという宗教祭に参加するため、カメルーンの首都ヤウンデに出掛けている。かのヌコノに招待を受けたのだ。

ただ、セキュリティーが甘く、暴徒と化したファンがブッフォンたちのバスを襲う騒動が起きた。窓枠にぶら下がり、屋根によじ登り、車内に侵入しようとする者たち。運転手がバスを発車させ、振り落とすために蛇行すると、一人、二人と落ちていく。

「私なんか、叫びっぱなしだったわよ。弟はびっくりはしていたけど、怖さが顔に出ない。肝が据わっているというか」

だからなのか、ベロニカが最も鮮明に記憶しているのは、お茶目な弟の表情だった。

弟ジジが、スペツィアでプレーしていた時のことだ。

「ねぇねぇ、今度、僕の試合を見に来て。絶対だよ」

彼女は弟にせがまれる。そこで観戦に出掛けてみると、弟が悪戯っ子のように言うのだ。

「ここさ、屋台の自家製のフライドポテトがおいしいんだ」

自分が食べたかったのか、それとも姉に食べさせたかったのか。彼女はその無邪気な顔が忘れられない。

ブッフォンが出資し、家族が建てた海の家

ブッフォンの父、アドリアーノは息子に厳しい

ブッフォンの幼少時代（写真右）

息子を片手に抱き、開店前の海の家で取材者たちを迎えてくれたのは、長女のグエンダリーナだった。

「あと1週間もすれば、開店よ！」

レストラン、更衣室、フットサル場、厨房が、ひっそりとバカンス客の来訪を待っていた。ブッフォンが「家族経営をして欲しい」とファミリーにプレゼントした海の家は、実家から車で10分ほど行った、マリーナ・ディ・カラーラにある。

海側の門を開け放つと、白い浜辺と蒼い海が見渡せ、開放的な安らぎを湛えていた。波の音がやけに静かだった。

「弟は強いと思うわ。ピッチでは決して気持ちが折れない。ただね、私たちはスポーツ一家だから分かるんだけど、一流といわれるアスリートは、そういう強い気持ちを持っているのが大前提なの」

長女グエンダリーナはプロのバレーボール選手だった。

姉妹でワールドカップに出場することが決まっていた時のことだ。二人は大会を楽しみにしていたが、妹は膝を怪我。大会を棒に振る。長女は妹の気持ちを憂い、愕然としたが、「プロとして役目を果たさなければならない」と気持ちを切り替えた。

妹はその怪我以来、第一線では活躍できなくなった。

「弟はそういうのを見ているはずだから。強くなくてはいけないことを知ったんじゃないかな。この世界はとても厳しいの」

長女は遠くを見つめた。

「プロスポーツ選手というのはね、本当にいつどうなるか分からない職業なのよ。確かに羨望が集まるけど、その分、妬みや批判もすごいから。それに耐える精神力がなくちゃいけないの。イタリアにおけるカルチョの世界はとても厳しい。弟はたしかに身体能力には恵まれていたわ。けれどね、精神的にプロとしてやっていけるだけの強さがあった。それこそジジが一流でいられる理由だと私は思ってる」

ブッフォンには子供の時から今も変わらない、自分を緊張状態から解き放つ特技がある。

それは、大きな声で歌を歌うことだ。

「ジジはカントリーが好きなんだけど、とにかく下手でね（笑）。小さい頃なんて、電車に乗ったりしている時に大声で下手な歌を歌うもんだから、恥ずかしくて」

世界最高GKは今でもリラックスするために歌を口ずさみ、時には大声を上げて歌う。ピッチで彼が歌っている姿を見つけたとすれば、それは彼が自分を最高の状態に近づけている時かもしれない。

「まあ、周りは迷惑でしょうけど」

長女は可愛く肩をすくめる。だが、いくら諭しても、素直な彼が歌だけはやめなかった。

「偏屈なところは父親に似たんだわ」

グエンダリーナは言った。


その時、父アドリアーノが取引先から海の家に戻ってきた。

「おうよ、これから着替えて、ひとっ走りしてくるからよ。オレがしゃしゃり出てもしょうがねぇ。取材は勘弁な。話は母ちゃんと娘たちがしたんだろ？」

彼は早口で言った。エネルギッシュな人生を形容するように、シャツの隙間から逞しいが白くなった胸毛が覗いていた。

「まあ、息子にはさ、現状に満足するなとだけは言っているよ。スター気取りなんかするとただじゃおかねぇぞって。おめぇは一人で育ってきたんじゃねぇ。感謝の気持ちを忘れるなってな」

娘たちが明かすところによれば、父は今でもジジにしつこいほど説教をするという。

「お前、テングになるなよ」

親父はフリウリ出身。同郷にはファビオ・カペッロがいるが、頑固で偏屈者が多い地方で知られる。一度これと決めたら決して譲らないし、完璧主義者というか、満足することがない。

例えば、ジジから家に電話がかかってくる。すると、父は代われ、と怒鳴る。そして、今や欧州を代表するGKになった息子を叱りつけるのだ。

「なんだおめえ、あのセーブは！　もう少し先にジャンプしていれば完全に取れていたじゃねぇか。全然ダメだ。おめえ、いい気になっているんじゃねえのかい！」

電話口の息子は、こうなると父の気の済むまで話させるしかないという。


「冷えた白ワインはどう？」

母、マリア・ステッラが朗らかなトーンで言う。

浜辺が見えるテラスのテーブルに、白ワインのボトルが用意された。ラベルには〝Buffon〟というロゴが印刷されてある。それぞれのグラスに注がれていくと、芳醇な薫りが潮風と混じる。口に含むと、甘みを残しながら、きりりと締まった硬質な味がした。世界ナンバーワンGKを育てた母に聞いてみたくなった。

――彼はプロGKになっていなかったら、どんな職業をしていたでしょうね？

「どうかしら、ライフセーバーになっていたんじゃないでしょうか。海の家もあることだし、ここで働いてもらいましょうか」

母は冗談めかして言った。しかし、地味で重労働だが人の命を守る、ライフセーバーという仕事は、ブッフォンの職業として見事なほどにマッチする気がした。

ジャンルイジ・ブッフォン

Gianluigi BUFFON

78年1月28日、イタリア、カラーラ生まれ。91年にパルマに入団、95年に17歳でセリエAデビューを果たす。01年、GKの史上最高額となる約56億円の移籍金でユベントスに移籍し、2年連続スクデットを獲得。イタリア代表デビューは97年10月。02年W杯でベスト16、06年W杯では優勝に貢献した。

Ari Takahashi

ティエリー・アンリ

フランス／レジュリス

文・写真／出村謙知

Les Ulis, France

CMDP

レジュリス時代のアンリ（写真前列、一番右）。基本的なプレースタイルはこのころから変わっていないという

バンリューが生んだ傑作

バンリュー・パリジェンヌ。2005年から2006年にかけての暴動騒ぎで、すっかり悪しきイメージが定着してしまった「パリ郊外」のことだ。

〝花の都〟パリの華やかさとは、まるでコインの表と裏。治安の悪さばかりが強調されるようになってしまった郊外地区だが、前世紀末に頂点を極めた現代フレンチフットボールにおいては、多くの著名代表選手を輩出してきた〝聖地〟でもある。

シルバン・ヴィルトール、ニコラ・アネルカ、ウィリアム・ギャラス、そしてティエリー・アンリ――。カリブのグアドループ生まれながら、パリから60キロほどのフォンテーヌブローで育ったリリアン・テュラムも、その仲間に入れていいだろう。

「バンリューではサッカーをしながら、いろんな人種について学ぶことができる。偏見をなくす最良の方法なんだ」

実際、自らがバンリューで過ごした経験をふまえた発言を繰り返し、暴動騒ぎの際にサッカー界のスポークスマンと化したのがテュラムだった。

そして、テュラムほど前面には出なかったものの、ヴィルトールやギャラスは自らの責務を果たすかのように、若者の過激な行動に一定の理解を示しながらも、沈静化を求めるコメントを何らかの形で発した。

ただし、例外もいた。そのひとりが、アンリである。その影響力の大きさから言っても、〝バンリュー暴動〟に関するアンリの沈黙ぶりは際立っていた。

ティエリー・アンリは1977年に、パリから南西に30キロほど離れたレジュリスで生まれている。

どんな小さな街にも必ずと言っていいほどサッカークラブがあるフランス。他の多くのサッカー少年と同様、アンリも地元の小さなクラブ「ユリス・フットボール」でサッカー選手としての第一歩を刻んでいる。

「スタジアムで待ち合わせよう。高速を降りてすぐのショッピングモールの隣だから、簡単にわかるはずだよ」

事前にコンタクトを取っていたユリス・フットボールのフィリップ・ジャン会長が電話でそう教えてくれたとおり、レジュリスに入るとまず、大型の複合商業施設が目に入ってきた。

約束の時間までには余裕があったので、とりあえずショッピングモール内をうろついてみたのだが、そこはこれまで訪れたことのあるパリ郊外のモールとは別世界だった。

このところ急増している日本の郊外型ショッピングモールとは違って、パリ周辺にある多くの

かつてアンリがストリートサッカーに興じた遊び場

大型店舗は、落ち着いて買い物ができる雰囲気ではない。ゴミがあちこちに落ちているのは当たり前。汚いだけならまだいいが、身の危険を感じさせる場所も少なくない。たむろしている一団に気を払い、常に自らの所持品に神経を行き渡らせ、セキュリティーの存在を確認する。無事に買い物を済ませて脱出するためには、多少なりともそんな防衛本能を呼び覚ます必要があったりするのが現実なのだ。

ところが、レジュリスのスタジアムの隣にあるショッピングモールは、そうした緊張感とは無縁だった。拍子抜けするほど、清潔感に溢れ、整然としていた。正直、ゴミの落ちていないショッピングセンターなど、パリ周辺では初体験だった。

「あそこの商業施設、雰囲気いいですね。ゴミが落ちていないモールなんて珍しい」

スタジアムの事務所に行くと、会長はまだ来ていなかったので、選手用のサンドイッチをこしらえていたマダムたちと雑談することにした。

「バンリューだからって荒れてると思ったんでしょう。あの暴動の時だって、ここは静かなものだったわ」

実は、レジュリス自体もアンリと同じ1977年に誕生した街である。

周辺に産業団地を抱えた新興都市は、市の方針としてスポーツに力を注ぐことになった。ユリス・フットボールは、その象徴として、やはり1977年に市が中心となってつくられたクラブである。

自分が生まれた年にできた地元クラブに、アンリが入ってきたのは6歳の時。

このクラブが受け入れている最年少の年齢でのクラブ入りだった。

「ティエリーには7歳年上の兄がいて、先にウチのクラブでプレーしていたから、本当に小さい時からここに顔を出して、ボール遊びをしていた。父親が熱心でね。ウチの息子は必ずプロ選手になるから、早くチームに入れてくれってしつこかったよ」

会長よりも先に現れた、ジャン・クロード・ジョルダネラ副会長がいきなり幼少期のアンリの秘話を披露してくれた。

プロスポーツ選手として大成するパターンのひとつに、父親が徹底的な英才教育を施すケースがあるが、アンリ家もその典型だったようだ。

前出のテュラムの出身地でもある、仏領グアドループでプロサッカー選手だった経験を持つトニー・アンリは、現役を引退した後、生活の安定を求めて本国フランスに渡った。他の多くの移民と同様、向かった先は、就職しやすさと生活費の安さを兼ね備えるパリ郊外だった。

「この子は必ず素晴らしいサッカー選手になる」

産声を上げたティエリーを見て、トニーがそう言ったという伝説があるくらい、父親はレジュリス生まれの次男坊に過剰なほどの英才教育を施した。

「ティエリーの父親は凄まじかったよ。チームの中でティエリーにだけ専属コーチがいるみたいだった。チーム練習や試合の時も、他の子供やコーチは関係なしに、ひたすらティエリーに個人指導を続けてたね」

これは幼少期にティエリーと一緒にプレーした経験を持つアジス・ベナダーヌの証言だ。

現在、同クラブでU-18チームの責任者となっているアジスは、選手を引き連れて隣町に遠征に行く準備が整ったことを、事務所に伝えに来たところだった。

「やっぱり、一緒にプレーしていた立場から言っても、ティエリーは特別だったと思うだろ?」

副会長がふると、アジスは「いや、普通にうまかっただけだね」とウインクしながら事務所から出て行った。

「アジスはああ言っているけど、やっぱりティエリーは特別だった」

アジスが去ってからは、副会長の独壇場だった。

「ティエリーは他の子よりも大きく、速く、そしてテクニック的にも図抜けていた。そういう子は他にもいるけど、彼の一番の特徴はとびきりのエゴイストだったということ。とにかく、いつも自分でボールをキープしてないと気が済まないたちだった。ボールを持ったら自分でドリブルして相手をかわして、自分でシュートを決める。チェンジ・オブ・ペースから走る方向を変えて、GKをひきつけながらファーポストに決めるスタイルは、当時から見せていたんだよ」

父親が星一徹タイプで、本人はとびきりエゴイスト。生まれたばかりの新しい街で、アンリはひたすら攻め続けるアタッカーとして純粋培養されていった。

人口2万7000人の街の小さなアマチュアクラブでのプレーは、基本的に週2回。当然ながら、それだけでは満足できないアンリはフット・ダン・ラ・リュ、すなわちストリートサッカーにも興じた。もちろん、この道端での少年たちによる無秩序なゲームこそ、聖地バンリューから多くの名選手を生み出してきた共通要因のひとつ。ただレジュリスでは、そのストリートサッカー自体も、他の地区とはちょっと違っていた。

スポーツに力を入れているだけあって、アンリが生まれ育ったレジュリス中心部には、中高層住宅の合間にいくつものコンクリートコートが造られている。

そこでサッカーをしようが、バスケに興じようがまったくの自由。さらに市北部には、巨大な自然公園が横たわっている。ここも市中心部から徒歩圏内で、子供たちはコンクリート上のゲームに飽きたなら、壮大に広がる芝生の上でストリートサッカーの続きをすることになるのだ。

「まだ誕生して30年しか経ってないレジュリスから、短期間にアンリやパトリス・エヴラ（マンチェスター・U）といった素晴らしい選手が生まれたのは偶然じゃない。彼ら自身の才能と努力がその成功を導いた要因であることは間違いないだろうけど、この街の環境も大きく作用したんじゃないかな。レジュリスだからこそ、ティエリー・アンリは生まれたとも言える」

ジョルダネラ副会長によると、積極的に子供たちにスポーツをさせるレジュリスの政策が、人種間の軋轢を減少させた。それが、他のバンリュー地区とは違い、レジュリスで暴動が起きなかった理由のひとつなのだと。

そうであるなら、アンリが暴動問題にまったく発言しなかったのにも頷ける。幼少期にレジュリスでサッカーに集中していたアンリには、いわゆるバンリュー問題に関して語るべきことなどなかったのだ。

「ティエリーが成功した大きな要因のひとつに、彼には十分なインテリジェンスがあったことが挙げられると思う。サッカーに関しては本当に真面目だった。よく事務所にある新聞や雑誌を読んでいた。サッカーの記事だけだけどね。大人たちから〝ムッシュ・レキップ〟というあだ名がついていたくらいだよ」

副会長が当時の写真を眺めながら語っていると、サンドイッチを作る手を止めて、ひとりのマダムが、突っ込みを入れた。

「また間違えた。それ、〝ムッシュ・フランスフットボール〟よ」

ボランティアでサンドイッチ作りに励んでいたのは、実は副会長の奥さんだった。

「彼女たちのようなボランティアの協力なくしては、ウチのような小さなアマチュアクラブは成り立たない」

事務所にお邪魔してから、そろそろ1時間経とうかという頃にようやく現れたジャン会長は「アンリを生んだクラブ」という幻影に悩んでいるようだった。

「アンリ効果で、どの年代も定員オーバー。でも、だからといって市からの予算は変わらない。コーチをはじめ、手伝ってくれる人を確保するのがひと苦労なんだ。ティエリーは稼ぎまくっているんだから、たとえば契約金の1％でもいいから寄付してくれたなら、我々としてもとても助かるんだけどね。というか、せめて1年に1、2回、それが無理なら何年かに1度の割合でもいいから、ここに来て、クラブの実態を見るくらいのことはしてほしいよ。彼が直接お金を出すという形ではなくても、いまの我々の苦しい状況を理解して、それを変えるように仕向けてくれる可能性だってあるかもしれないじゃないか。ともかく、OBなんだから、本来なら我々と何らかのコンタクトを取り続ける必要があると思うんだけどね。まあ、12歳でここを出て行って以来、一度も顔を出していないんだから、そもそもそんなことは望むべくもないことなのかもしれないけれど」

ジャン会長が言うように、12歳で他のクラブに移って以来、アンリは一度もユリス・フットボールを訪れていない。1998年にフランスがワールドカップ優勝を果たした後、レジュリス市がアンリを招いて祝勝会を開いた際も、クラブに赴くことはなかった。

そんなふうに、冷え込んでしまっている両者の関係には、アンリがユリスを辞めて、他のクラブに移った際の経緯が影響しているのかもしれない。

息子をプロサッカー選手にすることに執心しきっていたトニー・アンリは、次第にユリスの度が過ぎるアマチュア的な指導法やクラブ運営に不満を抱くようになり、ティエリーが12歳になった時、周辺では最も全国的に名を馳せていたクラブに移籍させた。

元々、ユリス時代も息子のことだけにしか注意を払わないトニー・アンリの存在は、クラブ関係者や他の子供の父兄たちと、たびたび軋轢をもたらしていたというが、その溝は移籍という最終手段によって、当然ながら決定的になってしまったのだ。一部では、その移籍に金銭のやりとりがあったなんて噂さえある。

同じユリス出身の著名選手でも、エヴラに関しては誰もが好意的な意見を口にするのに対して、アンリに対する地元でのスタンスが何となく醒めている気がするのは、そんな背景があるからかもしれない。

そして、他の子供たちやクラブ全体のことを顧みず、ひたすらプロ選手への階段を駆け上がることを選択したアンリ親子の存在は移籍先でも浮いた存在となり、ユリスを去った後も、1年のうちにパレゾーからヴィリー・シャティヨンへと、地域のクラブを渡り歩くことになってしまう。

元々、経済的には裕福とは言い難かったアンリ家だけに、そのまま地域のクラブでプレーさせてもらえない状態が続けば、その希有な才能を開花させるチャンスを得ることはなかったかもしれない。そんなアンリ親子を救ったのが、当時、新設されたばかりの国立サッカー育成センター（INF）の存在だった。

「毎年、各クラブや地域から推薦を受けた入所希望者は1000人以上。各地域でのテストの後、実際にここで2段階にわたる最終テストを行い、最終的には最大24人が、13歳からの3年間をINFで過ごすことになる」（INFを管轄するCTNジル・ボク所長）

それまで、各クラブに任せていたジュニア選手の育成を、一部に関してフランスサッカー協会が総力を挙げてエリート教育を施すスタイルに再構築したＩＮＦ。もちろん、入所が許されれば、費用に関して親の負担はなし。生徒は３年にわたって寄宿舎生活を送りながら、ひたすらサッカーに没頭することになる。

「当時できたばかりのＩＮＦの存在を知って、自分にはこれしかないと思った」とは、アンリ自身の回顧だが、ユリス・フットボールに背を向けて出て行き、他のローカルクラブでも居場所を失っていたアンリ親子にとって、プロにつながる唯一残された道がＩＮＦ入りだった。

いまやフランスが世界に誇る存在となった、クレールフォンテーヌにあるＩＮＦ。

その第一世代としてアネルカ、ギャラスなどと共に、13歳から15歳までをクレールフォンテーヌで過ごし、ＩＮＦの成功例の筆頭のように語られているアンリだが、実は入所するための最終テストに一度は落とされたという逸話がある。

「確かに、ここでのティティ（アンリ）はサッカーの技量、あるいは肉体面に関しても、特別な存在ではなかった。スピードもテクニックもそれなりにはあったが、特に図抜けていたわけじゃない。むしろ特別な存在だったのはニコラ・アネルカだよ。ニコはここにいたスタッフみんなが大成すると考えていたんだけどね」

90年の開設当時からのスタッフで、現在はＩＮＦの責任者となっているアンドレ・メレルディレクターの証言だ。

最終的には辞退者が出たおかげで、育成所入りを許されたアンリ。

仮にそのままアンリが補欠入所せず、ＩＮＦが生んだ最高の選手がアネルカということになっていたなら、クレールフォンテーヌがいまのような高い賞賛を受け続けていたかどうかは微妙だ。

クレールフォンテーヌから着実に世界最高峰への階段を歩んでいったアンリ。それにひきかえ、誰もが認める潜在能力を持ちながら、コンスタントに活躍できず、私生活でのトラブルもあって、くすぶり続けているアネルカ。結局、２人を分けた違いは何だったのか。

「ティティにあってニコになかったもの。それは、サッカーに集中することが自分の未来につながるということを理解できるだけのインテリジェンスと、それを実行するだけの精神力ということになるだろう。たしかに、ティティも当時は同じ年代の他の子供たちがするような悪さはそれなりにしたが、いったんそれがサッカーにとってマイナスになると理解した後は、２度と同じことを繰り返さなかった」（メレルディレクター）

そんなアンリの本質は、暴動問題に触れる必要のないほど「自分の将来を切り開いてくれるもの＝サッカー」に没頭できた、レジュリス時代に培われたものでもあるだろう。

たとえ、背を向けて出て行かざるを得なかったとしても、アンリの原点は間違いなく、聖地バンリューにある。

ティエリー・アンリ
Thierry HENRY
77年8月17日、フランス、レジュリス生まれ。94年にモナコでプロデビュー。ユベントスを経て、99年にアーセナル入り。以降、05－06シーズンまでの7年間で得点王を4度獲得。フランス代表デビューは97年10月。W杯3回、EURO2回出場し、98年W杯、EURO2000で優勝している。

Kazuhito Yamada / KAZ PHOTOGRAPHY

パオロ・マルディーニ
イタリア／ミラノ

Milano, Italy

文／小宮良之
写真／高橋在

カルチャトーレ親子の20年

１９８７年夏。彼はサルデーニャ島で燦々と注ぐ陽光を浴びていた。気心の知れた友人たちとのバカンス。すでにプロ選手になっていた彼にとって、同年代の若者と羽を伸ばせる唯一の季節だった。海パンとビーチサンダル姿でくつろいでいると、肌が焦げてきた。

しかし、そこにミラノから一本の電話が届く。電話の主は、ＡＣミランの監督に就任したばかりのアリゴ・サッキだった。プールから上がったばかりの水着姿で、つないでもらった電話の受話器を取る。当時、携帯電話はなかった。

「プレイボーイになりたいか、カルチャトーレになりたいか。どちらか選びなさい」

「もちろん、カルチャトーレです」

「ならば、これから私の言うトレーニングをすべてやっておくんだ。50メートルダッシュ、５キロ走、腹筋……分かったか？」

彼は仲間たちに電話の内容を告げた。

「パオロ、まさか本気でやるつもりじゃないよな、このリゾートで？」

仲間たちからは、からかい半分で言われたが、彼は少しの愚痴もこぼさず、忠実にメニューをこなした。

ACミランで現役23年目を迎え、7度のスクデットと4度の欧州王者に輝くパオロ・マルディーニの原形がそこにあった。

「こいつは真のカルチャトーレなんだなと思ったよ、その時にね」

パオロとは5歳の時からの幼なじみ、ルカ・カソルはしみじみと当時を振り返る。彼もバカンス地にいた一人だ。

ルカは現役時代、オーストラリアリーグで2シーズンにわたってプレー。現在はイタリアで若手コメディアンとして活躍する。10年以上、視聴率1位を誇る人気バラエティー番組「ストリシャ・ラ・ノティツィア」のワンコーナー。街の怪現象を暴く「カピタン・ヴェントーサ」というキャラクターで人気を博す。

小、中学校と2人はよくつるんだ。女の子のタイプも同じだった。ませた2人は、同じ子と付き合ったこともある。彼女は自分たちよりも10センチくらい、大柄だった。

「俺たちはチームワークがよかったんだ」

ルカは快活に笑う。その後、彼は中学の最後で落第し、パオロと学年は違ってしまった。それでも、暇さえあればよく遊んだ。

もちろん、2人はカルチョ仲間でもあった。ロンバルディア州学校対抗のトーナメントは、古き良き思い出だ。

「パオロはGK以外、すべてのポジションをやった。彼のおかげで、トーナメントを勝ち抜くことができた」

今やイタリア中を笑いの渦に巻き込む幼なじみは、茶化すように言う。

「パオロはね、実は小さな頃は大のユベンティーノだったんだ。自分の部屋には大きなポスターも貼っちゃって。11番をつけていたベッテガのファンだった。ゼブラ命だった男が、いつの間にか赤と黒に洗礼されちまって（笑）」

1993年、ルカがオーストラリアでプレーしている時だった。パオロから電話が入った。

「おい、お前も東京に来いよ」

ACミランは、国立競技場でサンパウロとトヨタカップを戦うことになっていた。ルカは都合をつけ、旧友のもとに駆けつける。選手たちと同じホテルに宿泊し、試合では必死に声援を送った。しかし、試合は2対3で敗れてしまう。パオロからは皮肉を言われた。

「ルカはもともとインテリスタだしな。おまえが来たから負けたんだ！」

しかし、その後もルカはしばしば招待されてはサンシーロに試合を見に行った。勝つ時もあれば負ける試合もある。2人の関係は変わらずに続く。今も週に2度は電話で連絡を取っている。

「奴は本当に変わらない。優しくて、愛情豊かだ。ひとりの友人としても、カルチャトーレとしても。もうしばらくはトップチームでプレーできるはずだ。子供の頃から、体をカルチョのためにチューンアップしてきたんだから。イタリアでは、若者は金曜になるとディスコに行ったりして夜更かしするんだけど、あいつは〝明日は試合だから〟と律儀に帰っていった。俺たちはその後ろ姿をフツーに見送ったものだ。彼にとって、カルチョはライフなんだよ。生きることそのものなんだ」

だとしても、妬みはなかったのか。パオロの父は、偉大なカルチャトーレ、チェーザレ・マルディーニ。ACミランの一員として、欧州チャンピオンズカップを掲げた名選手だ。仲間たちの間で、嫉妬は生まれなかったのか。ルカは愚問を蹴飛ばす。

「たしかに親たちの中には、〝親父が有名なサッカー選手だから〟と妬む人もいた。けど、仲間うちでそういう意識はなかった。なぜなら、あいつとボールを蹴ると、みんなが楽しい気持ちになれたから」

ルカは番組のセット内でカメラレンズに向き直ると、芸人特有のサービス精神でおどけたポーズを取った。

「実際に息子のプレーを見れば、わかってもらえましたよ。私の存在など関係なく」

父チェーザレは、息子とよく似た澄んだ蒼い眼で語る。

現在はACミランのスカウティング統括部長を務め、忙しい毎日を送っている。イタリア各地、南米、アフリカなどからスカウトたちが集めてくるビデオや資料に目を通さなければならない。

そこで気に入った選手がいれば、GMや監督と相談し、本格的に契約交渉に入る。

ミラノ市内にあるクラブオフィスを訪れると、彼は息子について、饒舌に語り始めた。

テニスとバレーボールが得意で、運動神経が抜群だったこと。

練習が忙しくなり学校に行けなくなったが、在宅で卒業課程を修了したこと。

夜は10時に就寝する規則正しい生活を送っていたこと。

パスタや肉をもりもり食べる大食漢だったこと。彼女はいたが、今の奥さんであるアドリアーナさんと出逢ってからは一筋であること。

娘が3人続いた後の、待ち望んだ長男だったこと。

そして、カルチャトーレの才能があるという確信が芽生えた時のこと。

パオロが11歳の時だ。姉たちは、弟が参加した学校対抗カルチョトーナメントの応援に駆けつけた。

「頑張れ、パオロ」

声援を受けた彼は風のように走った。

次々と敵を抜き去り、ボールを奪い、チームは優勝。姉たちは誇らしげに言った。

「お父さんの血かもね」

彼女たちは、弟が勇躍する姿をカメラに収めた。ドリブルをする写真。パスをする写真。激しく相手選手とコンタクトする写真。姉たちは小躍りし、父に見せた。

「ねぇ、パオロは凄いんだよ」

写真を見せられた父は、目を見張った。この子は才能があるかも知れない。

父はすぐに息子を呼びつけ、こう聞いた。

「インテルとミラン、おまえはどちらでプレーしたい？」

「ミラン」という答えを確かめると、父はすぐにミランの下部組織部長に電話した。

「うちの息子を一度テストしてみて欲しいんだが」

テストはリナテ空港のすぐ近くにあるユースの練習場で行われ、即、入団が決まった。

その瞬間、パオロのカルチャトーレとしての人生が始まったのだ。

プリマベーラではファビオ・カペッロの指導を受け、飛躍的に才能を伸ばした。16歳の時だ。トップチームを指揮していたニルス・リードホルム監督から自宅に電話が入る。

「あなたは素晴らしいお子さんをお持ちだ。セリエBにレンタルで移籍？　その必要はない。彼はすぐにトップに順応できる。是非、次の試合で呼びたいと思っています。問題はありませんね？」

父は答えた。

「ありませんとも」

１９８５年1月20日。パオロはウディネーゼ戦のメンバーに招集されると、レギュラーであるバティスティーニの故障もあり、途中出場ながらデビューを果たす。実力だけではなく、強運の持ち主でもあったのだ。ピッチに入ると、まったく物怖じすることなくプレーした。彼はこの時から20年間以上、レギュラーポジションを守り続けることになる。

「マスコミは、親子鷹のエピソードが好きです。チェーザレは息子の左足を猛特訓した、なんていう記事を見たこともあります。実はあれ、とんでもないデマでして。あるいは、こう蹴った方がいいと言うことはあったかもしれません。でも、壁に穴が空くほどボールを蹴らせた、なんて笑ってしまいます。だって彼は私が言うことは、一度でできてしまいましたから。しつこく言う必要はなかった。もちろん、試合後に後悔していることがあれば、アドバイスくらいはしました。食事中とかにね。しかし、それはどこの親子もするような会話で、専門的な話はあまりしませんでした」

チェーザレがイタリアU-21代表監督を務めていた時のことだ。18歳だった息子を招聘して、周囲から不満が噴出した。「親ばか」「職権乱用」「才能もない若造を」。非難する関係者は、少なくなかった。

彼はいくらか心配したが、かえって息子の芯の強さを目の当たりにすることになる。父親は、むしろ励まされたのだ。「父さん、心配しないで。僕はちゃんとプレーするからさ」と。

「今もそうですが、ハートが強い。プロ入りしてから、一度も愚痴を聞いたことがありません。スカウトという仕事をしていて思うのですが、一流の選手になるためには、気持ちが強くないとダメ。10万人近い観客の前で自分のプレーを見せるには、そのくらいの度胸が必要なのです。パオロは、犠牲を払わなければプロとして大成できないということも知っていた。とても気持ちが強い選手なのですよ」

愚問を承知で訊ねる。

現役時代の自分とパオロが対戦したらどちらが勝つのか。

「うーん、難しい。パオロはいいDFだから、きっと手こずる。長いキャリアで優れたアタッカーと対戦しているし。まあ、今と昔ではカルチョも違うし。優劣を決めるのはやめておきましょう。私もこう見えて、現役時代は代表選手でしたし」

父は威厳をのぞかせて笑った。

最近は、息子から冗談でこう言われる。

「親父がコーチをしているのを見ているから、僕は指導者はやらない」

父は笑って流す。だが偉大なる息子も引退を覚悟し、その後の身の振り方を決断する時が、まもなく来る。父は首を振った。

「息子がスパイクを脱ごうと決めた時、それが引退の時。その後もすべては彼が決めるでしょう」

しかし、一つだけ決まっていることがある。それはACミランで彼がつけている背番号3が、永久欠番になることである。

STRISCIA

上／マルディーニが20年以上、プレイし続けているサンシーロ
左／元イタリア代表監督でもある父のチェーザレ・マルディーニ
右／マルディーニの友人で、コメディアンのルカ・カソル

マルディーニ行きつけのリストランテ「ヌオバ・アレナ」は、ミラノ市内にしおらしく佇む。大きな通りから一本入った小径にひっそりと。ウェイターがリズミカルに給仕し、次々と料理が平らげられ、楽しげな笑い声が店のムードを作り上げる。拠り所。満腹。団欒。そんなフレーズがマッチする。店長とおぼしき人物が言う。

「パオロはここに十数年も通い詰めている。なのに、ポモドーロスパゲティーと子牛のグリル焼きしか注文しないのですよ。いくら、他の品を勧めてもね」

彼らしい逸話だった。ポモドーロはトマトソースをかけただけのシンプルなスパゲティー。子牛のグリルも〝低脂肪の〟という注文がついた。それらは、エネルギーの燃焼とアスリートの敵である脂肪を抑えた、ミラネッロの定番メニューだった。行きつけの店でも、肉体をいたわる。カルチャトーレとして、自分が最高の状態であることを常に望んでいるのだ。

店内には、ACミランとカリアリのチームペナントが飾ってある。

カリアリはサルデーニャ島をホームとするクラブ。料理にもサルデーニャ風と謳った品がいくつも並んでいた。サルデーニャ島でバカンスを楽しんでいたパオロが、サッキからの一報を受け、すぐに指示された練習を完遂したというエピソードを思い出す。

店の主人は、慣れた手つきで食後酒のグラッパをグラスに注ぎながら言った。

「最近、パオロは忙しくて店にはあまり来ていない。ただ変わらないよ、彼は。代わりと言ってはなんだが、奥さんと息子のクリスチャンが来てくれている」

そういえば、チェーザレに「マルディーニ家の遺伝子は孫にも受け継がれるのか」と聞くと、彼はこう答えていた。

「今は長男がミランのスクールに所属している。あとしばらくすれば、適性がわかる」

チェーザレが、学校対抗試合でプレーするパオロの写真を見たのも、そのくらいの年齢だった。

リストランテは閉店時間が迫っていた。だが、客足は途絶えなかった。

パオロ・マルディーニ

Paolo MALDINI

68年6月26日、イタリア、ミラノ生まれ。85年に16歳でセリエAデビュー。以降、セリエA優勝7回、チャンピオンズリーグ優勝4回など数々のタイトルを獲得。05年にディノ・ゾフが持っていたセリエA最多出場記録５７０試合を更新。イタリア代表としては史上最多の１２６キャップを記録。

Ari Takahashi

アルベルト・ジラルディーノ

イタリア／ビエッラ

Biella, Italy

文／小宮良之

写真／高橋在

アイスマンの情熱

丸めた洋服を、2つずつ並べて対にする。即席のゴールマウス。

その瞬間、居間は小さなスタジアムと化す。

「10点早く取った方が勝ち」

父と息子は彼らだけのルールを作り、転がったスポンジボールを蹴り始める。3歳足らずの息子が相手だったが、父は真剣にならざるを得なかった。さもなければ、威厳を失う敗者になるからだ。大の大人が幼児に負けるわけにはいかない。だから〝戦い〟の後は、いつも惨劇のような有様になった。ランプが壊れ、テーブルの上にあった置物が落ちて割れることも。

「外でやりなさいよ。何度言ったら分かってくれるの！ まったく男って奴は……」

母親が呆れながら叱りつける。父と子は顔を見合わせ、ぺろりと舌を出す。それがイタリア代表の未来を背負うストライカー、アルベルト・ジラルディーノが過ごした日常だった。

「あまり感情を外に表さない子でした」

父であるジャンカルロ・ジラルディーノの顔の輪郭は、息子とよく似ていた。

「とにかく手の掛からない子でした。悪戯なんて覚えがないし、怒ったことも思い出せない。老成していたと言うか。喜怒哀楽は、あまり出しませんでしたね。ピエモンテ州の男は、確かに慎重で冷淡なところがあるのですが、あの子の落ち着きぶりは、私も舌を巻くほどですから。例えばね、笑っている写真を探すのが大変なんですよ」

父は、自宅にいくつか飾られているアルベルトの写真を眺めながら思わず愚痴った。ただ、彼は文句を言いながらもよく知っている。息子はどんなにクールに見えても、内側に静かな情熱の火を隠していることを。

１９９７年欧州チャンピオンズリーグ決勝、ユベントス対ボルシア・ドルトムント。父と息子は試合開始時間ぎりぎりにミュンヘンのオリンピア・シュタディオンに到着する。息子はフィオレンティーナのストライカー、バティストゥータにも憧れていたが、父の影響ですっかりユベンティーノだった。

欧州王者を懸けた一戦。着いてみると人波が凄まじい。二人は人混みをかき分けながら進み、何とかキックオフに間に合った。

「アルベルトはまるで選手たちと一緒にプレーしているような目をしていました。確かに応援をしているんですが、まるで、自分もピッチにいるような。やっぱりこの子はカルチョが好きなんだな、と思いましたよ。だからスタジアムには何度か息子を連れて行ったのですけど、その時のことは今も鮮明に記憶しているのです」

ジラルディーノが生まれた、イタリア・ピエモンテ州ビエッラ。
風光明媚な自然を誇る町である

父は思い出にふけりながら、ひとつの写真を手に取る。そこには何かに祈りを捧げているアルベルトの姿があった。はにかんでいるのだろうか、口元に微笑の影がゆらりと残る。

父は慎ましさの中に潜む激情が嫌いではなかった。「この写真はあの子らしくて好きなんです」と、愛おしそうにひとりごちる。

窓を見やると、傾き始めた太陽の美しい光が瀟洒な庭園に射し込んでいた。

「この家はアルベルトが建ててくれたものなんです。高級地に住むことも選択肢にあったんですが、自分の生まれ育った故郷に家があるのがいい、とあの子が譲らなかった」

父は誇らしそうな顔を浮かべた。

彼の視界の先にあるピエモンテの山々は光と影を作っていた。この日は数日ぶりの晴天。霧に煙ることが多い地方は、太陽光線を得ると幻想的でノスタルジックな光景を演出することがある。

12歳だったアルベルトは、コッサテーゼというクラブに通い始める。さびれた照明灯。芝生とも雑草とも判別がしにくいピッチ。うらぶれたクラブハウス。イタリアの田舎町では、よくあるサッカー場だ。しょぼくれた灰色のコンクリートは表面の塗装がひび割れ、所々剥げかかっていた。

「毎日、夕方になれば子供たちが練習に来るわ。アルベルトもここにいたのよ。けれど、あの子は1年だけで、ビエレーゼというチームに移ってしまったから、思い出はないの。毎週日曜日はテレビを見ながら応援しているわ。彼はこの街の誇りだから」

サッカー場に隣接したバー、レイモンドの女店主は、赤ん坊が3人くらい入っていそうなお腹を揺らして笑った。13歳になると、アルベルトは隣町の少しだけ大きなクラブ、ビエレーゼでプレーを始める。そのチームの監督の目に留まったからだ。

才能を見い出したルカ・プリーナは頬が痩け、双眸の大きさが目立つ男だった。

「あれは1995年3月のことです。ビエレーゼがコッサテーゼと対戦した時、彼のプレーに惹かれまして。レベルの知れている試合ですから、彼のような子が目立つのは当然なんです。とりあえず、是非テストを受けに来て欲しいと言ったんですが、改めて見て自分の目が間違っていなかったことを確信しました。テクニックはもちろんですが、ボールを追う時の目が良かった」

移籍金は育成料として400万リラ（当時のレートで約25万円）。この年代の相場は100万リラだけに破格だったが、プリーナはそれでも安いと思った。

彼は今もあるゲームのワンシーンを覚えている。

試合は0対0で進行する。内容も最悪で、何から何までひどかった。しかし、試合終了前に自軍が得たCK。ゴール前に両軍合わせて20人近くが詰め、一斉にジャンプする。すると、アルベルト少年は、ただ一人だけ高く跳んだ。あるいは空中に浮かび上がるという表現の方が正しかったかもしれない。ボールをヒットし、ネットを揺らす姿は神々しくさえあった。プリーナはセリエAのゴールを見ているような錯覚を受けた。

「うまいだけなら他にもたくさんいた」

ジラルディーノの実家に残されていた幼少期の写真

生来の才能は成長過程で喪失することもある。プリーナは、「驕らず、何か学び取ろうとする姿勢がアルベルトを成長させたのではないか」と推測する。

「今年5月に、アルベルトは私をパルマに招待してくれたんです。その時に、私は〝エリア内の動きは完璧だが、外の動きはまだ学ぶべきところがある〟と説教をしてしまったんですよ。自分のような地方リーグの監督が言うべきことじゃないとは思ったのですが……言ってから気付いて赤面しそうでしたよ。だから私が〝忘れてくれ〟と言うと、彼は〝もっと聞かせて欲しい〟と意見を求めるんですよ。その時に思いました。この子は変わっていないな。謙虚さを失っていない。これからもきっと伸びるだろうって」

プリーナは利発なアルベルトをチーム内のリーダーに任命し、チームに規律を徹底させたことがある。ある時、ロッカールーム内でいざこざが起き、アルベルトから電話で相談を受けた。あまりに大人びていたその時の口調が、彼は今でも忘れられない。

プリーナの母が病気で倒れた時、アルベルトは「僕らにできることがあればなんでも言って下さい」とわざわざ申し出てくれた。その優しさと思慮深さにも、敬服した。

ただ、プリーナにはひとつだけ悔いがある。

ビエレーゼはユベントスと提携していて、彼は真っ先にアルベルトを推薦した。しかし、1度目のテストは呆気なく失敗に終わる。そのうちに、フィオレンティーナ、ラツィオ、ピアチェンツァと様々なオファーが届いたのだが、師は諦めきれなかった。教え子がユベンティーノであることを知っていたからだ。だから、彼はもう一度、ユーベに掛け合う。しかし、2度目のテストでも名門は興味を示さなかった。そして結局、アルベルトは熱心に誘ってくれたピアチェンツァを選んだのだ。

「僕の心のクラブはACミランだ」

アルベルトは頑なにそう言い張っている。まるで過去を否定するように。断固とした口調で。現在所属するACミランへの忠義もあるだろう。律儀なプロフェッショナルとして、当然の発言にも聞こえる。しかし、彼がACミランを選び、ユベンティーノだったことさえとぼけるのは、生来ポーカーフェイスな男の、らしくない意地なのかもしれない。

「まあ、彼のような選手は、ミランでも成功するでしょうけれどね」

プリーナは確信をこめて言った。

1998年1月11日。

スカウトマン、クラウディオ・スクローザは、その日をしっかりと記憶に刻みつけている。現役時代はバリ、ラツィオなどでプレーし、スクデットも経験。その1年半前に引退していた彼は、新人発掘のためサンプドリア・ユース対ピアチェンツァ・ユース戦に足を運んでいた。

そこで彼は一人のストライカーに見惚れ、ため息をついた。

「俺は引退していて良かった。凄い選手が出てきたものだ」

試合全体でのパフォーマンスにはまだ物足りなさがあったが、いくつかのプレーはセリエAのトップレベルだった。キーパーのパントキックを、ダイレクトに空中で引っかけ、ピタリとラストパスを通してみせる。自分の股にパスを通し、鋭くターンして背負っていたDFを置き去りにし、一気にシュートチャンスを演出する。

「FWとして必要なテクニックをすでに持っている」

彼は直感した。ゴールゲッターとしてのセンスは、持っているか持っていないかだけ。スクローザは「爆撃機」と呼ばれたゲルト・ミュラーを少し思い出した。しかし、前線でチャンスメークできる器用さもあることを発見すると、現役時代に同僚だった元イタリア代表のシニョーリに似てなくもないなと感じた。

「いい素材を発見しましたよ」

彼は自信満々でボスに報告する。

国際エージェンシー、ifaでパオロ・マルディーニ、ジャンルカ・ザンブロッタ、マルティン・ヨルゲンセンなどの代理人を務めるボネット親子は、スカウトからの情報を得ると、直ちに視察に出掛ける。

両親との話し合いの末、代理人契約を結んだのが、1999年6月2日。

視察から契約まで約1年半が経過していたが、じっくりと話を進めるのが、彼らの流儀だった。

「アルベルトの才能は、誰の目にも分かるものでした。我々が何か特別なことをしたわけではありません」

ベッペ・ボネットは深い皺に人間味を感じさせながら言う。

「他の誰かより少しだけ早くたどり着けただけです。同じ時期、我々はピアチェンツァのユース選手、5人と契約しましたが、今もプロで活躍しているのはアルベルトだけです。一流になるには才能だけでなく、節制を怠らない人間性を持ち、家族や友人を含めた周囲の人間に恵まれていなければならないのです。この世界は親が子供をダメにすることも多い。〝なんでお前じゃなくてあいつが出ているんだ〟なんて四六時中言ったり。あるいはちやほやされ、女の子に溺れていく選手もいる。アルベルトには素晴らしい両親がいましたし、彼自身も規律正しかった」

アルベルトは17歳の時、ピアチェンツァのトップチームでデビューする。点取り屋として、彼は著しい台頭を見せた。そしてカテゴリーが上がり、周りのレベルが上がるたびに、才能を触発され続ける。

しかし、試練の時もあった。

19歳の時に、アルベルトは自動車事故に遭っている。乗っていたのは彼を含めて男2人、女の子2人。運転をしていた友人がハンドル操作を誤り、車ごと横転して川に落ちた。4人は軽傷ですんだが、事故に気付き車道に車を止めて助けに行こうとした女性が、トラックに跳ねられて死亡。二次災害が引き起こした悲劇とはいえ、プロのカルチャトーレが事故に遭った車に乗っていただけに、大きなスキャンダルになった。

マルチェロ・ボネットは、少し眉間に皺を寄せて説明する。

「確かにひどい事故でしたが、叱りつけることはしませんでした。プロにあるまじき、と言う声も聞きましたが、若者が中古のゴルフで友人たちと遊びに出掛けていただけなのです。お酒を飲んでいたわけでもなく、純粋な事故でした。ただ、間接的に死者が出たことに、本人もショックを受けていて……。しかし、こういう言い方が正しいのかどうか分かりませんが、彼はあの経験をムダにすることなく、人間としてさらに成熟しました」

ベローナでは監督の構想から外れ、パルマではアドリアーノ、ムトゥの控えとして過ごし、クラブの倒産騒ぎに巻き込まれた。未来が見えない時もあった。

挫折を知らないエリートではない。我慢強く、泣き言を言わず、勤勉に生きてきただけなのだ。

死刑執行人のように敵守備陣を処刑し、ニコリともしない「冷徹なゴールマシン」。

そう形容されるのは誤りではない。確かに彼の生き方を投影した表現とも言える。しかし、クールな男の一挙手一投足に、人は熱い血のたぎりを覚えるのだ。

父ジャンカルロが少し茶化すように言う。

「あの悟ったようなところはどうにかなりませんかね。いつだったか4対0でゴールも決めて家に戻ってきたんで褒めたんです。そしたら、〝別に、フツーのことさ〟って。私は呆れて言いました。〝お前、もっと喜んだらどうなんだ〟って。だから世界王者になっても〝フツー〟なんて言う息子だったら、これからの付き合いをちょっと考えようかと思っているんです（笑）」

アルベルト・ジラルディーノ

Alberto GILARDINO

82年7月5日、イタリア、ビエッラ生まれ。97年にピアチェンツァに入団し、00年に17歳でプロデビュー。その後ベローナを経てパルマへ移籍、2年連続でセリエＡ23得点。04年アテネ五輪で銅メダルに貢献、同年フル代表にもデビューし、06年Ｗ杯にも出場した。05年よりＡＣミランに所属。

Ari Takahashi

ファン・カルロス・バレロン

スペイン／グランカナリア島

Gran Canaria, Spain

文／小宮良之

写真／高橋在

笑顔の奥に隠された真実

太古の昔に滅びた文明都市のようだった。時代のうねりの中で、砂にまみれたような黄土色。打ち寄せる波は濁っていて、極東の汚れた海水浴場を想起させた。人々がひしめき合っているわけではないが、生臭い匂いが鼻を突く。崩壊した楽園。ビーチパラソルの極彩色は現実感を欠くほど艶やかで、心象に刻み込まれた。世界の終焉のような絵だった。

優しすぎる青年は、原風景を愛する。どこか寂しいその絵を。スペインを代表するファンタジスタ、ファン・カルロス・バレロンは、そこで少年時代を過ごした。

「スペインのジダン」

そう呼んだのはアトレティコ・マドリード時代の師であるアリゴ・サッキだ。一瞬でゴールメイクするパスセンスは異能といえた。

ただ、降り注ぐ賛辞の脇で、プロ選手としてはひ弱すぎる、勝負には向かない、という意見も少なくない。人が良すぎるのだ。ポジション争いをしていても、「僕がプレーしなくても構わないよ」と顔をくしゃくしゃにし、「すべては神の意志のまま」と目を細める。

彼が所属するデポルティボの練習場、アベゴンドを訪ね、ファン・カルロスをつかまえた。

――今度、グランカナリア島に行ってみようと思うんだ。

「いいところだよ。天気が良くて、人々は陽気で」

――雰囲気は南米に似ているというけど。

「フットボールのスタイルはブラジルに似ているね。即興的プレーが好まれる」

――君はそのスタイルの申し子に見えなくもない。

「そう？　ピッチで楽しみたいだけだよ」

彼はトレードマークである笑顔を作った。だが、どこか憂いが差す。俗な勘ぐりかもしれないが、その正体が気になった。

――ところで、君の笑顔は時に寂しい。

「そんなことはないよ」

彼は否定し、満面に笑みを浮かべた。


ファン・カルロスの故郷グランカナリアは、北大西洋上に浮かぶ小さな島だ。スペイン領だが、イベリア半島からは1500キロ離れ、欧州よりもアフリカ大陸に近い。彼はその島の南、アルギネギンという村で生まれ育った。セメント工場がそびえる小さな村。石が掘り返された禿山が近辺に並ぶが、これ以外にさしたる産業はない。島内にはバカンス客を迎える綺麗なビーチもあるが、村のそれはひなびていて、どこか影があった。

小石の転がるビーチにシートを敷いてくつろいでいる地元民を眺めていると、約束をしていたペドロがジープで迎えに来た。バレロン一家の次男。ファン・カルロスの代理人も任される人物だ。にっこり笑うと、欧州指折りのMFと面影が似ていた。

「よかったらウチに招待するよ」

坂を登っていくと、白い壁の家々が並んでいた。それらはプロフットボーラーとして大成した6人兄弟の末っ子が、兄と最愛の母にプレゼントしたものだった。

母、プルデンシアはにこやかな表情で迎えてくれた。彼女は行く先々で末っ子のファン・カルロスの世話を焼く。自分が作る料理を「なんでも美味しい」と言う末っ子は、いつまでたっても小さい子供のままに見えるという。

マジョルカ、マドリード、ラ・コルーニャ……息子が移籍するたびに引っ越しを続けてきた。オフシーズン、たまたま実家に戻っていた母は饒舌だった。

「食卓でもサッカーボールをつついていたわ。こうやって足を動かして……」

食卓の椅子に座っていた母は息子の仕草を真似て、両手にナイフとフォークを持つようにして足を空中に浮かせ、バタバタさせた。その様子はコミカルで可愛らしかった。

「あの子が10歳の頃だったかしら。いくら注意しても、庭でボールを蹴っていてね。ある日、とうとう私が大事にしていた植木を折っちゃったの。そしたらあの子、咄嗟に考えたんでしょうね。茎から折れた花を土にさしておいたのよ（笑）。さすがにあの時は叱りました」

末っ子は、「ボール遊びには熱心だったが、勝負への執着は薄かった」と母は言う。

ある日、試合に負けて帰ってきた時のことだ。彼女は「悔しいの？」と聞いた。末っ子は「全然」と答えた。「どうして、試合に負けたんでしょ」と重ねて尋ねると、彼はこう返したのだ。

「だって、僕は悪いことをしたわけではないもん。僕が悔やむのは、神様のご意志に背いた時だけさ」

良かれ悪しかれ、彼にとって優先すべきはすべて〝信仰〟なのだ。

その敬虔ぶりは、ファン・カルロスの人徳として脈々と息づいている。

彼が所属するデポルティボ・ラ・コルーニャは、契約を延長して、2010年までとする契約書を用意した。希代のパサーも、その頃には35歳になる。全盛期のようにキラーパスが連発できる保証はなく、ビジネスライクに考えれば非常識といえなくもない。

しかしクラブは、これまで一度も年俸提示に文句を付けずにサインしてきた青年の恩に報いようとしたのだ。

「人間として立派になってくれた。世界中の母親が、あの子のような息子を持てば、なんて幸せかしら、と思うわ」

母の頭上には「最後の晩餐」が飾られていた。

「最初に所属したクラブは地元のアルギネギン。その後はＵＤラスパルマス（以下ＵＤ）に入団した。兄のおかげだったんだ」

ファン・カルロスが今でも感謝する男がいる。2歳年上の兄、ミゲル・アンヘル。

神童の誉れ高かったこの男は、当時3部だったアルギネギンから16歳にしてUDに引き抜かれた。島民にとってUDでプレーすることは、エリートを意味している。

「僕が弟にアドバイス？　まさか！」

ミゲル・アンヘルは照れ臭そうに首筋の髪の毛をいじった。その癖は弟と共通していた。

「実家では二段ベッド。僕が上。会話？　フットボールのことばかりさ。弟はバルセロニスタで、僕はマドリディスタ。議論は熱くなった(笑)。あいつはバルサの司令塔、グアルディオラに憧れていて、雑誌の切り抜きを壁に貼っていた。パスのさばき方をマネしていたな。家から坂を下る途中にあるバスケットコートで、朝から晩までボールを蹴っていた。ほらあそこ。見えるよね」

それは生家から目と鼻の先にあった。

最近はめっきり子供の数が少なくなって、使われることはほとんどないという。セメントで固めたピッチ。バスケットゴールの鉄棒をゴールに見立て、童たちは球体をひたすら追いかけていた。現在はジュニアというカテゴリーがあるが、当時は11歳にならないとクラブに入団できなかったのだ。

「今は誰もがプロサッカー選手を意識するけど、当時は田舎者には縁遠い職業だった。それに、島内のスカウト網は今のように確立されていなくて、南の人間が北に本拠を置くラスパルマスに入団するのは難しかったんだ」

だからこそ、兄は弟のために一肌脱いだ。

すでに1軍でレギュラーを手にしていたミゲル・アンヘルは、宣伝役になることを買って出た。

僕なんか大したことない、うちの弟はホントに凄いと、監督に推奨したのだ。UDの監督は、その言葉を信じアルギネギンに視察に訪れると、思わず目を丸くする。ワンタッチでたちまちチャンスを作ってしまうプレーは、ユース育成に手腕を発揮していた男の目にも、非凡に映った。

「その監督というのが、イニャキ・サエスなんだ。EURO2004の時のスペイン代表監督だ。サエスは当時からトップの監督をしながら、ユース部門も担当していた。弟は彼のお眼鏡にかなったわけ。一応、テストを受けることになったんだが、入団はすでに決まっていたんだ」

兄はそよ風を吹かせるように笑う。

1994-1995シーズン、インスラルスタジアムは興奮の坩堝と化した。UDラスパルマスBでプレーしていた若き天才MFは、ゴメラというチームと対戦。

手玉に取る、という慣用句の真実がそこにあった。彼がボールを持つと戦慄と期待が交互に走る。いつの間にか、敵DFはそのパスを目で追い、味方はそれに見惚れた。5対0。5得点を記録したFWはもちろん英雄だったが、誰が殊勲者かは判然としていた。

「あれは記者仲間でも、語り草なんだ」

マルカ紙の通信員を務め、10年以上にわたってUDを追いかけてきたアレクシス記者は懐かしがるのだった。

「この島のフットボールはブラジルの影響が濃いんだ。本土の人たちの中にはプレーが遅い、と難癖をつける人たちもいる。けれど、一瞬のリズムの切り替えからDFを切り崩し、美しくゴールを奪う技術は誇れるものだ。この島で育つ選手たちは、総じて技術レベルが高い。そう、ブラジル人選手のようにね。ただ、その中でもバレロンは異彩を放っていた」

彼は、実感を込めて続けた。

「確かにグランカナリア島はタレントの宝庫かもしれない。しかし、僕に言わせれば器が違う。バレロンはワンタッチで敵を崩すパスを出せる、真の天才。彼が出ていった後、同じ衝撃は未だに味わえていない」

天性のセンスの萌芽がそこにあった。


15歳から17歳にかけての少年期、ファン・カルロスは人格形成に大きくかかわる悲劇に見舞われている。セメント工場で働いていた長男と父を、どちらもバイク事故で失ったのだ。

頼りになる兄貴と実直な父は、それぞれ一瞬にして帰らぬ人になった。父は普段は自家用車で出勤していたのだが、その日に限ってはバイクに乗って行ったと、彼の母が教えてくれた。以来、末っ子は家族を支えることを心に決める。

「心配しないで、ママ。僕がいるからね」

母によれば、それが彼の口癖になったという。

そして程なく、蹴球人としても彼は運命を背負い込む。

新天地ＵＤに入団した少年は、兄がいたことで孤独を感じず、のびのびプレーしていた。

その成長は爆発的ではなかったが、着実だった。市内のアパートで兄弟は同居。１９９５年には弟もトップチームに昇格し、２シーズンにわたって兄弟は共にプレーを楽しんでいる。そして実は２人とも、翌季のマジョルカ移籍がほぼ決まっていた。

だが、そんな時に事故は起こった。

１９９６-１９９７シーズン、２部に在籍していたＵＤは、スペイン国王杯で準決勝に進出する快挙を果たす。そして同国の強豪バルセロナと対戦。当然、選手たちのモチベーションは高く、攻撃の切り札になっていた兄ミゲル・アンヘルも例に漏れなかった。得意のドリブルで左サイドを駆け上がる。当時スペイン代表だった右ＳＢフェレールから荒っぽいタックルを1度、２度と受けても、彼は挫けずに前に出た。しかし3度目だった。フェレールのタックルはボールをかすめ取りながらも、彼の右足も痛打し、足首がざっくりと裂けてしまった。手術を受けるも1年後、彼は現役を退くことを決意する。スピードが武器だけに、足首の故障は致命傷になったのだ。

弟は兄の不運を目に焼き付けている。人生の暗転を。

ファン・カルロスに当時のことを尋ねると、優しい彼は口ごもるばかりだった。

２００２-２００３シーズン、バジャドリード対デポルティボ戦で、ファン・カルロスはＤＦ

の激しいタックルを受け、膝の靭帯を断裂している。選手生命が危ぶまれ、約半年間を棒に振ったが、彼は一切の恨みを発しなかった。「運命を受け入れる」と彼は健気に笑った。

ファン・カルロスがマジョルカに移籍後、UDはいくつかの波にも揉まれ、2004年初夏には2部B転落が決定。2002年に枯渇する金庫をやりくりしながら建てたグランカナリアスタジアムは、どこか無機質だった。それまで使用されていたインスラルは閉鎖され、空き家になった。今も「旧スタジアム復帰」を叫ぶ声は後を絶たない。

置き去りにされ、静まりかえるインスラルスタジアムは、おもちゃ箱のようだった。黄色と青で組み立てた積み木。黒いコードがそこを這うように伝う。少女たちはなつかない飼い犬に手を持て余していた。向かいのバールにいる青年たちは、暇そうだった。車はゆっくりと往来を繰り返し、信号機が静かに点滅していた。

階下にある小さなオフィシャルショップが経営を続けていたが、女性店員は最近働きだしたばかりで、ファン・カルロスのことは何も知らなかった。

思い出はすぐに色を失う。ふいに、ミゲル・アンヘルとの会話を思い出した。

「弟のようにプレーをするには、何かが人と違わないと。迫り来る敵の中にあっては、最高の技術と判断スピードが必要なんだ。あいつが成功できたのは、僕のおかげではない。何かに導かれるようだった」

——フットボールが遣わした神とでも。

愚問を投げると、兄は首を振った。

「あいつは僕の弟さ」

お人好しすぎる性格に、否定的な意見を言う記者がいる。「勝負欲が足りない」と。好きな本は？　という問いに「聖書」と答える男は、宗教がかっていると揶揄されたりもする。それらの指摘は間違ってはいないかもしれないが、本質を無視しているのではないか。

生来の柔和な性格と敬虔なる母の教育。長兄と父の相次ぐ事故死、才能ある兄を襲った不運。マジョルカに移籍した当初は、プロの厳しさを痛感し、アトレティコ時代には2部降格を経験した。EURO2000では不振に終わった代表チームの戦犯にされた。

度重なる試練。いくつもの過程の中で彼の精神は捻転し、修正が施され、やがて強さは笑顔で隠されるようになった。峻烈さと享楽と。あくまでも、推測に過ぎないが。

昼下がり。気温が上がり、日焼け日和になったアルギネギン村は、海水浴客でざわめき始めていた。世界の果てに明かりが灯ったように。湾は凪いでいた。村は平和すぎるほど平和に見えた。

「いつか、島に戻ろうと思っている」

ファン・カルロスが漏らした言葉を噛みしめる。古びたセメント工場は、その帰還を待ち侘びているようだった。

右／バレロンの母、プルデンシアさん
左／今は使われていない、ラスパルマスの旧スタジアム

ファン・カルロス・バレロン

Juan Carlos VALERON

75年6月17日、スペイン、グランカナリア島生まれ。95年にUDラスパルマスでデビュー。マジョルカ、アトレティコ・マドリードを経て、00年よりデポルティボ・ラ・コルーニャに所属。スペイン代表としては、EURO2000、2004、02年W杯に出場。〝スペインのジダン〟とも呼ばれる。

Tomohiko Suzui

アリエン・ロッベン
オランダ／ベダム

Bedum, Netherlands

文／木崎伸也

写真／長井美希

純朴なるスピードスター

「ピンポーン」

ロッベンの実家のブザーを鳴らしてみた。アポはまったくない。

町に着いたら、みんなが「あそこが彼の家だよ」と教えてくれたので、失礼と思いつつも、突撃取材することにしたのだ。

玄関のブザーの下には、かわいらしいアザラシの表札があって、家族の名前が書いてある。父ハンス、母マリョ、妹ビビアン、そしてチェルシーでプレーする兄のアリエン――。そう言えば「ロッベン」はオランダ語で「アザラシ」という意味だ。なるほど、だからアザラシの表札……なかなかシャレの利いた家族らしい。

お母さんが笑顔で出てきた。

「私はインタビューは受けないことにしてるのよね。ごめんなさい」

うーん、やっぱりアポなしじゃあ、ダメか。仕方なく家から去ろうとすると、自転車に乗ったオジさんが話しかけてきた。

「どこから来たの？　日本？」

――ひょっとして……あなたはロッベンのお父さん!?

「その通り。アリエンのことを知りたいなら、いくらでも質問に答えるよ」

ただの近所のオジさんかと思ったら、彼こそがロッベンの父親だった。アポもなかったのに、一歩間違えれば泥棒と思われてもおかしくないのに、かくして自転車に腰掛けながらの路上インタビューが始まったのである。

――息子さんは、何であんなに足が速いんでしょう。

「それは母親のおかげさ。彼女はめちゃくちゃ足が速い。それが遺伝したんだよ。私はフローニンゲンの2軍でプレーしていたけど、足は遅かったからね。だから、DFをやらされた（笑）。でも、テクニックはあったぞ」

――テクニックは、あなたが教えた？

「もちろん教えた。でも、何より大きかったのは、芝生の空き地でストリートサッカーをしていたことだ。毎日のように日が暮れるまでやっていた」

――何かアドバイスした？

「試合ごとに、今日はここが良かったとか、ここが悪かったとか、話してたよ。アリエンは、素直に人の意見を聞く子供だった」

――どんな選手に育てようと思った？

「アリエンは最初、トップ下をやってたんだよ。オランダでいう10番だね。でも、16歳の若さでプロデビューした時、私は試合を見て思ったんだ。アリエンがトップ下で出場するのは、まだフィジカル的にきつい、と。すぐにフローニンゲンの監督に〝アリエンは左ウイングで使った方がいい〟と直訴した。それで左ウイングで起用され始め、いつのまにかそれが得意のポジションになってしまったんだよ。不思議なものだ」

気温は零度を下回るというのに、最後までロッベン・パパは親切だった。

「アリエンにインタビューしたいかい？　今度言っておくよ（笑）」

突然押しかけたのに、なんて優しい人なんだ。こういう家族だから、ロッベンは温厚でマジメな性格に育ったのだろう。

それにしても、オランダ代表のアリエン・ロッベンが生まれ育ったオランダ北部の町、ベダムは何もないところだった。

人口はたった9000人。町というよりは村に近い。

北部の大都市フローニンゲンから10キロしか離れていないが、まるで陸の孤島のように、牧草地の中心にポツンと存在している。15分もあれば、町を歩いて横断できてしまうほどだ。だからこそパン屋で聞いても、カフェで聞いても、すぐにロッベン家の住所がわかってしまうのである。

ロッベンは、ここでどんな小学校生活を送ったのだろうか。町のほぼ中央にある母校を訪ねた。

午後3時、すべての授業が終わる。担任だったビム・ヘームストラ先生が、掃除を済ませた教室で出迎えてくれた。

「ロッベンはこの学校で、4歳から12歳まで勉強したんだ。ケンカもしないし、おとなしい子供だったよ。でも、彼は負けず嫌いだったね。遊びで負けて、よく泣いていたのを覚えているよ」

――得意科目は何でした？

「数学だ。でも音楽と美術はいまいち（笑）。頭の切れる子供だったよ。成績はトップグループだった」

――何か特技は？

「背は低かったけど、足だけは学校で一番速かった。それとチェスだね」

――チェス？

「学校のチェス大会で優勝したこともあった。オランダの〝ダーメン〟というボードゲームでも最強だった。勝負強さは、あの頃からあった」

――性格の長所は？

「頑固ではない、というところだ。人の意見をよく聞くし、だからいつまでも成長し続けているんじゃないかな。彼の一番凄いところは、どの年代に入っても、常に同じことができることなんだ」

ヘームストラ先生とロッベンの付き合いは、今でも続いている。2005年10月には、4日間ロンドンの家を訪ねて、街を案内してもらったという。

CHELSEA
FOUNDED 1905
ROBBEN
11
ROBBEN
16
JACK DANIEL'S
Old No.7
Tennessee
WHISKEY

右／ベダムの運河沿いにある、本人公認の「ロッベン・カフェ」　左上／CVVベダム時代のロッベン（上段右から２番目）左中／幼少時に草サッカーをした公園　左下／ロッベン家のかわいらしい表札

「ヤツは子供の頃から、何ひとつ変わっていない。スターになったからといって、ちっとも傲慢にならないよ。ベダムに帰ってくれば子供にサインをして、町の人に挨拶する。ロッベンはこの学校の誇りだ」

教室の掲示板には、所狭しとロッベンのポスターや新聞の切り抜きが飾られている。

ベダムの子供たちは彼を通して世界を身近に感じることができる。町が生んだヒーローの歩んでいる道が、どんな授業よりも、すばらしい教材になっていた。

「町はずれにある、ロッベンが寄贈したサッカー場にはもう行ったかい？　たくさんの子供が集まっているはずだよ」

先生が教えてくれた道を5分ほど行くと、きれいなミニ・サッカー場が現れた。

「アリエン・ロッベン・フィールド」と看板に大きく書かれている。ちびっ子たちが元気に走り回って、「ロッベン！」という声も飛び交っていた。と言っても、チェルシーのアリエンのことではない。この地方には、よくある名前なのだ。

それにしても、なぜサッカー場を町に寄贈したのだろう。町のポール・クレマー広報が説明してくれた。

「2002年、ロッベンはオランダリーグの最優秀新人賞に選ばれました。この受賞者には、クライフ財団から好きな場所にサッカー場を作る権利がプレゼントされるんですが、彼は迷わず、故郷であるベダムを選んでくれました。彼はあの若さで、政治家のような地元貢献をしちゃったんです（笑）」

その功績が認められて、２００５年にロッベンは町の名誉市民になった。

「不思議に思うかもしれませんが、オランダの自治体には、ピラミッド式に特権階級が存在するんです。そのひとつに彼は名前を連ねたんですね」

ロッベンは町の人に愛され、そしてロッベンも町を愛している。その証拠に、町の運河沿いには、本人公認のロッベン応援カフェが存在する。店内にはＣＶＶベダム時代のユニフォーム、オランダ代表のユニフォーム、そしてチェルシーのユニフォームが飾られている。カウンターに立っていたオバちゃんが自慢してきた。

「この店にはロッベンがよく来るのよ。この写真を見て！　うちの息子とも、ＣＶＶベダムで一緒にプレーしてたのよ！　ロッベンは本当にいい若者。ＥＵＲＯ２００４の時は、試合後にいつもこのバーに電話してくれたの。〝絶対にゴールするから〟って電話で宣言して、その通りになったら、〝またゴールするから〟って電話してきた。こんな凄い経験ってないでしょ？」

ここまで故郷を大事にするとは――。やっぱりロッベンは、いいヤツらしい。

12歳でベダムの小学校を卒業したロッベンは、同級生と同じように15キロ離れたフローニンゲンの中学校に通い始める。そして放課後は、かつて父がプレーしていたＦＣフローニンゲンのユースでプレーするようになった。当時から施設で働くスタッフは言う。

「雨の日も、雪の日も、いつも自転車で通ってた。激しい練習をした後なのに、また自転車で15キロの道のりを帰ってたんだ。　変わったところはない普通の学生だったよ。でも、スピードはズバ抜けていた。同世代の子供と1対1の練習をすると、彼らはロッベンの姿を見失ってしまうんだよ！　目の前から消えたと錯覚するくらい、彼は速かった」

そして16歳の時、ついに1軍から声がかかる。デビュー戦の相手は名門フェイエノールトだったが、ロッベンに怖れる様子はまったくなかった。当時からフローニンゲンで働くリチャード・ファン・エルサッカー広報は、当時をこう振り返る。

「さすがにデビュー戦の時は、自転車で来ないで、父親が車で送ってきたね（笑）。まったく緊張した様子がなくて、〝試合を楽しみたい〟って言ってた。プレーも勢いがあって、この日のベストプレーヤーのひとりだった。それから、学校が終わったら2軍で練習して、週末は1軍で試合に出るというロッベンの新しい生活が始まった。16歳の若者には、とてもハードだったと思う。学校の成績もトップグループだったのが、2番手グループに落ちちゃったらしいしね。でも、彼は厳しい環境をものともせず、選手として急成長していった」

フローニンゲンでレギュラーの座を掴んだロッベンは、PSVの目に留まり、18歳の時に引き抜かれていった。プロデビューから、たった2年しかフローニンゲンにはいなかったことになる。

それでも、フローニンゲンの人は今でも彼のことを忘れていない。

今年、フローニンゲンには念願の新スタジアムが完成したのだが、入り口の壁にはロッベンの巨大パネルが飾られている。

「ヤツは、このクラブの誇りだ。今年1月の新スタジアムのこけら落としにも、ロンドンから駆けつけてくれたんだ」

急成長を続けるロッベンは、PSVにも2年間いただけで、2004年夏に世界的なビッグクラブのチェルシーに引き抜かれていった。それでも義理堅い若者はPSVとの関係を大切にしており、今でもアイントホーフェンにあるクラブハウスに、足を運んでいる。


ロッベンのルーツをたどって、ひとつ分かったことがある。

それは彼が「決して特別な子供ではなかった」ということだ。

ロッベンが初めてプレーしたCVVベダムの監督は「たしかにうまかったけど、まさかここまでの選手になるとは思わなかった」と振り返っていた。

フローニンゲン・ユースのスタッフも、「まさか世界選抜とも言えるチェルシーでプレーするとは」と語っている。

でも、気がつけばオランダ代表になり、チェルシーでプレーするようになっていた。ロッベンは常に人の予想を上回る成長を見せてきた。彼の凄さの秘密は、ここに隠されている。

天才と呼ばれるタレントの中には、小さい頃に培った貯金だけでプレーして、大人になってから努力しなくなってしまう者もいる。ロッベンは飛び抜けた天才ではなかったが、ベダムという田舎町で育まれた素直さを持っていた。持ち前の柔軟な頭で、常に人の意見を取り入れてきた。元サッカー選手の父親に従い、各年代のコーチの指示もよく聞いた。

その結果、どの年代に入っても成長曲線は鈍ることなく、だからこそ「こういう選手になるんだろう」という周囲の予想を上回ることができたのだ。

PSV時代、不幸にもロッベンは睾丸癌を患ってしまった。

彼はそれを表ざたにせず、ひとりで病魔と闘い、完全に克服した2004年冬に事実を告白した。彼の少なくなった頭髪を悪く言う者がいたとしたら、あまりにも浅はかだ。それは病魔に勝利した証しでもあるのだから。

ロッベンの顔は、同じ病に打ち勝った自転車レースの鉄人、ランス・アームストロングによく似ている。意思の強さが顔からにじみ出て、どんな状況でも動揺を見せないところも。

取材を終え、この原稿を書いている最中に、ロッベンの父親からメールが届いた。

「いい記事は書けましたか？　息子に見せようと思うので、本をぜひ送ってください。ひとりでも多くの日本の人たちが、息子を応援してくれることを願います」

ビッグビジネスに成長し、せちがらくなった最近のサッカー界。それに比べ、ベダムの人は何てのんびりしているのか。ベダムという故郷を忘れない限り、ロッベンの成長は留まることはないだろう。

ロッベンの父親、ハンス・ロッベン

ロッベンが寄贈したサッカー場にいた子供達

LOUD SPORTS GEAR
12
Cruyff Court
Arjen Robben Veld
a 22.00 uur niet meer voetballen en geen geluidsoverlast veroorzaken.
een kauwgom of andere etenswaren op het veld achterlaten.

アリエン・ロッベン
Arjen ROBBEN

84年1月23日、オランダ、ベダム生まれ。00年、16歳の時にフローニンゲンでデビューし、02年にPSVへ移籍。さらに04年には約25億円の移籍金でチェルシー入りし、プレミアリーグ2連覇に貢献。代表デビューは03年4月。EURO2004ではドリブルを武器に大活躍、06年W杯にも出場。

Kazuhito Yamada / KAZ PHOTOGRAPHY

デコ
ポルトガル／アルベルカ

Alverca, Portugal

文／小宮良之

写真／ムツ・カワモリ

裏切りへのサウダージ

「名門ベンフィカでプレーしてみないか」

1997年春。ブラジルのコリンチャンスで活躍していた小さなMFは、代理人の誘いに心を躍らせていた。欧州で成功を収めることは、ブラジル人サッカー選手の夢だ。

ベンフィカは欧州王者の経験もあり、〝ブラジル人選手輸入量〟が世界最多のポルトガルにおいて、憧憬の存在だった。

当時18歳だった少年は海を越え、リスボンに到着する。しかし、彼の居場所はベンフィカにはなかった。目が細いことから「中国人」とあだ名がついた少年は、2部のアルベルカでプレーすることを言い渡される。アルベルカは当時、ベンフィカのサテライトチームとして機能していた。

「こんなはずじゃない」

彼はブラジルの代理人を問い詰めたが、すでに契約は交わされていた。

「エージェントは僕を移籍させることで、手数料を稼ぎたかったんだ。騙されて海を渡ったわけさ。でも、帰るところはなかった。みんなに喜んで見送ってもらったのに、放り出された気分になって。どうすればいいんだって。裏切られた気がしたし、人間不信になったけど、頑張るしかなかった」

のちに彼は、当時の失意と、後には引けない決意を切々と語っている。

東洋人ふうの風貌をした青年がアルベルカに在籍したのは、わずか1年だった。チームを1部昇格に導いたものの、トップチームに当たるベンフィカでのプレーはなく、ポルトのセカンドチーム、サルゲイロスに移籍する。半年後にポルトに上がると、それ以降6シーズンにわたってプレー。ジョゼ・モウリーニョと遭遇し、最後のシーズンには欧州王者になった。2004-2005シーズンからはバルセロナの主軸として活躍している。

本名アンデルソン・ルイス・デ・ソウザ。〝デコ〟の愛称で親しまれる天才MFは今、スペインで至福の時を迎えている。だが海を越え、最初に降り立ったリスボンでは、彼は絶望に打ち震えていた。アルベルカという小さな街で、逆風が吹きすさぶ道を前進しなければならなかった。

「あの頃は思い出したくない」

デコは言う。憂き世の残酷さと格闘したその小さな街で、彼の身に何が起こっていたのか。


リスボンから北へ車で約20分。夏はバカンス地として賑わうアルベルカに、デコが欧州第一歩を踏み出したクラブはあった。

過去形なのは、2005年春に消滅したからだ。選手たちの給料を払う財源を確保できず、2部から撤退したのだという。現在は街なかにある土のグラウンドを市に売却することに懸命で、まずは財源を潤し、復活する道にかけていた。

「2部Bから再登録できるように尽力しているんだ。デコ？　たしかにいたが、もう関係ない」

クラブ関係者がせわしない口調で言った。

アルベルカはベンフィカとは今も友好的な関係を続けているが、すでにサテライトチームではない。ベンフィカがBチームを作ったことで、選手を育成して売るというシステムは瓦解。クラブはポルトガルの強豪クラブと仲良くしながらも、自立を志向した。クラブハウスで働く女性スタッフは、割り切ったように冷たく言った。

「デコにまつわるモノなんて一切ないの、ここには」

ただ、記憶は残っている。

「デコはとにかく野心的でしたね」

かつてアルベルカでヘッドコーチとして働いていたジョアン・サントスはその日、ベンフィカBの練習で、アルベルカスタジアムを訪れていた。週に一度、ベンフィカBはアルベルカスタジアムを練習で使っているのだ。ベンフィカBの指揮を執るサントスは言葉を選び、粛々と話し始めた。

「当時のチームは中盤にデコ、マニシェ、ウーゴ・レアルがいて、センターバックとFWもポルトガルユース代表という豪華な布陣でした。2部では最高のプレーを演出していると言われていましたよ。デコはその中心で。技術的には完成されていましたが、それよりも気持ちの面で強い選手だったことが印象に残っています。若い選手を見ていると才能はあっても精神面の問題で潰れていくケースが多いですから」

デコはマニシェのように反抗的な選手ではなかったし、おとなしい方だった。だが、一度ボールを持つと独自の世界を作り出した。サントスはそれを尊重したかったが、総監督だったマリオ・ウィルソンという人物が、自由を許さなかった。デコと衝突したこともあったという。

あるリーグ戦、「ドリブルするな。早くはたけ」と総監督に命じられたデコだったが、かまわずにドリブルでDFを抜いてゴールを決めたことがあった。これが総監督の逆鱗に触れ、交代を命じられる。

「いい気になっては困る」。逆らったことに対する見せしめが必要だったと総監督は言う。

哀れなデコは何が悪かったのか分からず、ロッカールームで泣きはらした。

「ウィルソンのやろうとしていたことは、でたらめで嘘だらけだった」

デコは自伝の中で辛辣に書きつづっているのだが、それは恨みとは違った。

総監督は「ベンフィカの監督になったら、アルベルカの主力を呼ぶ」と約束しておきながら、臨時監督に就任した時にそれを果たさなかった。それが許せなかったのだ。

「何を言われても良かったけど、嘘だけは許せない」

人に裏切られた暗闇を背負ったデコは、嘘にナーバスになっていた。

「デコは純粋だったんだと思います。彼は本質的には人に気遣いができるいい子でしたから。た

アルベルカ時代、デコが通った喫茶店。マスターが気を利かせてこんな広告を飾っていた

CREAM
Nestlé
O melhor sabor da selecção.
Nestlé
novo
Cheesecake
Brownies
Extreme
MAXIBON
novo
Sandwich
Cookie
novo
novo
Nestlé
Surpresa no interior
Smarties
Yoco

だ、契約や代理人、クラブや移籍ということに、若いうちから翻弄されていて、とても気の毒でしたね」

サントスは悲しい顔で言った。

「デコは賢い選手だったが、それでもまずは欧州のリズムに慣れる必要があった」

1950年代、ポルトガル代表の左ウイングとして活躍。1966年ワールドカップで3位に輝いたアントニオ・シモエスは教えを説くように言った。

60歳を過ぎても眼光に衰えはない。ベンフィカGMとしてブラジルに赴き、デコの才能に惚れ込み、リスボンの自宅でサインをさせたのは、シモエスだった。

「アルベルカは当時、ベンフィカのセカンドチームとして機能していた。若く才能のある選手を引き抜いても、いきなりベンフィカでプレーするのは難しい。そこでまずは2部のアルベルカで環境に慣れさせ、試合に出し〝大人にする〟という流れができていた。だからベンフィカが彼を騙していたということはあり得ない。騙したとすれば、ブラジルのエージェントが適当なことを話したんだろう」

シモエスは、デコが失意にくれてプレーしているようには見えなかった。「絶対に成功する」という強い意志が感じられた。

誰にでも愛嬌を振りまくタイプではなく、シャイな少年だった。寡黙だったが、自分の意見ははっきりと口にしたし、とても大人に見えた。テクニックはまさにブラジル的でひらめきが感じられ、フィジカルコンタクトも強く、チーム全体を操る巧みさもあった。

だからこそ、「この子はベンフィカを背負う選手になる」と確信していた。

デコがアルベルカで過ごした1997-1998シーズンは、3人の監督が指揮を執っている。マヌエル・ジョゼ、マリオ・ウィルソン、グレアム・スーネス。成績不振でコロコロと監督の首がすげ替えられたが、誰もデコには興味を示さなかった。

「デコがプレーして半年が過ぎ、欧州での生活にも慣れてきた頃だったかな」

現在はリスボンでスポーツマネージメント会社を経営するシモエスは回想する。

「私はそろそろと思って、新監督に就任したスーネスに助言した。〝デコを使うべきだ〟とね。当時デコはゴールも決め、チームも操る、2部ではスーパーな選手になっていた。だがスーネスは〝カッコつけてボールを蹴るブラジル人なんていらない〟と言ったんだ。私は何を言っているんだと思い、必死に説得しようとしたよ。けれど無駄だった。イギリス人はフットボールの母国だから、譲らないところがあってね」

ポルトガル史上最高のウイングと言われる男は自嘲気味に笑った。

スーネスはデコの代わりに、ウーゴ・レアルという選手を寵愛するようになる。

「ポルトガルが生んだ珠玉」と言われたウーゴ・レアルは、ボールテクニックが優雅なMFで、動きはバレエ選手のようにしなやかだった。

「デコの方がコンタクトに強く、激しいプレーにも耐えられる。ウーゴ・レアルはたしかにうまいが脆すぎる。時間が必要だ」

シモエスはスーネスに進言したが、聞く耳を持ってはもらえなかった。

スーネスは翌シーズンも監督を続けることが決まっていた。無力感がデコを襲っただろうことは想像に難くない。

アルベルカはそのシーズンを3位で終え、1部昇格を勝ち取ったが、監督も選手も素直に喜ぶことはできずにいた。サテライトチームが1部に昇格していいのかと、ルールが障害になっていたのだ。ホームゲームで決めた昇格。本来なら大騒ぎになるはずの、ロッカールームの様子は静かだった。

連盟の判断にゆだねる、という不透明な状況では心から喜べず、デコも微笑だけを浮かべていた。あるいはこの時、デコはすでにチームを去ることを決意していたのかもしれない。

ポルトのオファーは魅力的なものだった。1部に在籍していたサルゲイロスで半年間過ごし、その後にポルトに入団するルートができていた。

その翌シーズン、ジョアン・サントスはアルベルカを率い、デコが所属するサルゲイロスとホームで対戦している。デコの長所と欠点を知り尽くしていたサントスは、敵の中心選手になっていたデコを何とか止めようと画策した。スコアは0対0。だから彼の策は成功したとも言えるし、ホームでのドローだけに失敗とも言える。

ただ、そんなことよりも、サントスを喜ばせる出来事があった。

「試合の日、観客が盛大に野次る中でも、デコは気にすることなく挨拶しに来てくれたんです。若い選手にはなかなか自然にできることじゃない。地元を出て、最大のライバルに移籍したわけだから、それはひどいことを言われていました。けれど彼は私に言ったんです。〝何を言われても関係ない。だって僕がここにいたのは事実だし、監督と過ごした時間は忘れないから〟って」

サントスは遠い日を懐かしんで言った。

一方、シモエスは在りし日に目を細め、はげ上がった額をぽりぽりとかいて言った。

「スーネスがデコを認めなかったのは犯罪行為に近い。もしデコがベンフィカに留まっていればと思うと、私は胸をかきむしりたくなる。デコのフットボールにかける情熱を見抜けなかったのは、ベンフィカの失態さ。歴史的過ちだ。ポルトのオファーは戦力外の若手選手としては断れないものだった。デコがプロとしての判断でポルトに移籍したことには、何の恨みもない。むしろ偉大な選手が埋もれなかったことを、私は喜んでいるよ」

時計をちらりと見た彼に、最後と断ってからいじわるな推論をぶつけた。

――認めてもらえない反逆心を燃やし、デコは栄光を勝ち取ったとは言えないか。

「悔しい思いはあったかもしれない。しかしあいつは男として成熟していたし、誰よりも成功したい、という思いが強かった。元来、負けることが嫌いなんだ。アルベルカには同じ年にもう一人ブラジル人が入った。彼もＦＷとして有り余る才能を持っていた。が、結局一流にはなれず、ブラジルに戻った。どんな環境でもへこたれない奴はへこたれない。だからデコはきっと何が起こっても、一流の階段を上っていったと思う。その階段がベンフィカではなかったということだ。心残りだがね」

現在、ベンフィカについては口を閉ざすデコも、シモエスにだけは感謝を惜しんでいない。

アルベルカスタジアムの眼前に位置する「スナック・プリマベーラ」。軽食をサービスする喫茶店を営む夫婦は、しっかりとデコを記憶していた。妻アデリーナは少し興奮気味で、能弁だった。

「目の前のアパートに住んでいたのよ、デコは。綺麗な奥さんとね、双子もいて。その後離婚しちゃって、また綺麗なお嫁さんをもらったのを知っている？　ブラジル人のＦＷと仲が良くてね、子供が産まれた時にはデコが名付け親になっていたわ。とにかく暇さえあればうちの店に来ていたわ」

夫アウグストは、打って変わって落ち着いた口調で話した。

「デコはオレンジジュースをボトルでごくごく飲んでいたよ。彼が来れば〝いつもの〟という具合に。たまに昼飯を食う時は、豚肉の鉄板焼きと目玉焼き、それにフライドポテト。マスタードやぴりぴりする辛いソースをかけていたね」

店の前にはCMキャラクターに起用されたデコの笑顔があった。

それは「どこに行っても、デコを忘れない」という気持ちで飾ってあるらしく、夫婦は屈託のない笑顔を浮かべた。

一人のブラジル人が異国に渡り、やがてその国の国籍を取得し、代表選手として活躍する。その長いキャリアの「線」の中で、その店は「点」だった。

デコは一気にスターダムに駆け上がったが、そこでは今も緩やかに時間が流れていた。

裏切られ、傷つき、遺恨を覚えた街で、男は「このままでは終わらない」と牙を研いだ。リスボンの過激サポーターは「アルベルカ時代のデコはドラッグ漬けのアルコール依存症だった」と噂するが、それは悪意に満ちた中傷に過ぎない。彼が残した記憶はそこに刻まれていた。

彼の蹴球人生において、消すことのできないひとつの足跡として。

「私たちは彼の親代わりなの。ブラジルからやってきたデコは、ここでポルトガル人になったのよ。〝いい選手になる〟って頑張っていたわ。それがもうポルトガル代表選手だもんね。私たちはここから応援しているから。彼もサウダージを感じているはずだわ。きっと……」

甲高い声をした女主人は、最後に何かを付け足そうとしたが、表を通った車のエンジン音にかき消された。サウダージはポルトガル語で、郷愁という意味だった。

Tomohiko Suzui

デコ

DECO

77年8月27日、ブラジル、サンベルナルド生まれ。サンパウロなどを経て、97年にポルトガルのアルベルカへ。98年にポルトへ移籍し、04年にチャンピオンズリーグ優勝、同年バルセロナへ移籍。03年2月にポルトガルへ帰化。ポルトガル代表として、EURO2004、06年W杯に出場。

朴智星

韓国／水原（スウォン）

Suwon, South Korea

文／慎 武宏

写真／高須力

伝統をぶち壊した小兵

自国開催のワールドカップから4年たった、2006年夏。再び「赤い熱狂」で沸くソウルの街角は、朴智星《パク・チソン》の顔で溢れていた。

韓国代表のメインスポンサーであるナイキ社だけではなく、銀行、ビール、携帯電話に液晶テレビと、多数の有名企業が朴智星をCMキャラクターに起用している。2006年4月に発刊された自伝的エッセイ集はベストセラー。インターネットによる好きな選手アンケートでも、ダントツのトップだ。今や「韓国の顔」になったといっても過言ではない。

だが、その朴智星も失格の烙印を押され、サッカー人生が終焉するかもしれない危機に立たされたことがある。

「技術はあるが、体が細くて小さすぎる。残念だが、ウチは必要ではないよ」

大学からもプロからもそっぽを向かれた挫折の日々。それがのちに韓国人初のプレミアリーガーとなる、当時17歳の少年に突きつけられた現実だった。

韓国の首都ソウルから南に40キロ離れた街、水原《スウォン》。市の中心部から車で10分ほど走ると、全長

1・38キロ、幅35メートルの上下6車線の舗装道路にたどり着く。

京畿道《キョンギド》（道は日本の県にあたる）が175億ウォン（当時のレートで約21億円）、水原市が130億ウォン（約15億6000万円）を投じ、2005年6月に開通した「朴智星キル（道）」だ。

2002年ワールドカップでの活躍を讃えてその名が冠されることになった道路の脇には、無邪気にポーズをとる幼年期から、2005年5月の欧州チャンピオンズリーグ準決勝での雄姿まで、朴智星の成長をたどった大きな写真パネルがいくつも飾られている。「智星公園」と名づけられた遊び場もあった。

その朴智星キルから目と鼻の先にある高層アパートに、父、朴成鍾《パク・ソンジョン》は今も居を構えている。

「チソンが生まれた当時の韓国の社会情勢は厳しくてね。ウチの家計も苦しかったので、わが子誕生の喜びよりも、果たして無事に育てられるかという不安の方が大きかった。それで妻と話し合い、子供はチソンだけにして、立派に育てようと決めた。内気で人見知りをしたが、おとなしく手のかからない子だったよ」

朴智星が生まれる2年前の、1979年。

韓国では軍事政権の朴正熙《パク・チョンヒ》大統領が暗殺されて粛軍クーデターが起きた。翌80年には全国に戒厳令も宣布。学生や市民が民主化を求めて軍部と衝突、数多くの犠牲者を出した光州《クアンジュ》事件も起きた。のちに韓国は1987年に民主化を遂げるが、80年代初頭の社会情勢は不安定で、庶民の経済事情も決して良くはなかった。

そんな時代だからこそ、革製品工場に勤めていた父は、一粒種の息子が安定した公務員になってくれることを望み、人並み以上に厳しく躾けた。友人と野球に明け暮れ、帰宅時間が遅くなった時は、顔を叩いたこともあった。息子は父に従順だった。

しかし小学3年生の冬のことだ。一枚の紙切れにサインをしてくれと迫ってきた息子に、父は驚いた。

「翌年からチソンが通う小学校にサッカー部が創設されると聞いていたので、てっきり父兄に回覧された賛同書だと思った。だがそれは入部登録書だった。近所の友達とよくサッカーをしていたことは知っていたが、本格的にやりたいと言い出すとは思わなかったので驚いた。猛反対したよ」

無理はない。かつての日本同様、韓国では学校体育が唯一、サッカー選手への入口である。だが、その中身は日本とは大きく異なる。

日本の部活動は教育の一環として位置づけられ、門戸も広く開放されている。しかし、韓国の部活動は少数精鋭のエリート主義だ。選手たちは小学生でも寮に入ることが多く、学生の本分である勉学もおかまいなしに、朝から晩までサッカー漬けの毎日を送る。しかも、サッカーと学歴が密接に関係する「4強制度」がある。

この制度は年に数回ある全国大会で好成績を残さねば、次に進学する学校、すなわちサッカー部がある学校にスポーツ特待生としてスカウトされないという、韓国独自の選手選抜システム。つまり、サッカーを続けていくためには進学のたびに好成績を残さねばならない。翻っていえばサッカーで高学歴を手にすることもできるのだ。

そのため、指導者は勝利至上主義に徹し、選手たちは鉄拳制裁も辞さない厳しいスパルタ教育で鍛えられる。苦労するのは明らかだった。

「チソンは頑として譲らなかった。それで仕方なく〝自分で決めたことは、自分から諦めるな〟と約束して許可した。でも内心では、1年もすれば飽きて放り出すと思っていたよ。練習についていけず、音を上げるのも時間の問題だとね」

ところが、シャイな一人っ子はどんどんサッカーにのめり込んでいく。通っていた小学校のサッカー部が1年で廃部になると、サッカー部がある別の小学校への転校を直訴した。そして小学6年の冬には、前年度に李東國《イ・ドングッ》、翌年度には崔兌旭《チェ・テウク》が受賞した「車範根《チャ・ボングン》賞」に輝いたのだ。

「自分の息子ながら、ボール扱いがうまくて、動きにキレがあることに驚いた。聞けば、仲間たちが遊んでいる時も、一人で基本練習を反復していたらしい。足裏で最低3000回ボールタッチすればボール感覚が発達すると教わると、それを毎日繰り返したと言うんだ。息子がそこまで本気なのに、父親の私がバックアップしないわけにはいかない。それで工場に辞表を提出し、市内で精肉店を営むことにした。自営業なら、いつでも息子の試合に駆けつけられるからね」

父は、地元での試合には必ず顔を出し、遠征になると店を妻に任せて息子を追いかけるようになった。しかしすぐに痛感させられたのは、息子の体の小ささだった。

「小学生時代はテクニックで相手をかわせたが、中学生になると当たり負けすることが多くなった。試合を観戦しているほかの父兄が〝あんなチビを使っていては勝てない〟と陰口を叩くのを何度も耳にしたよ。チソンも体格のことでかなり悩んでいた。試合に負けて寮に戻ると、先輩のシゴキや嫌がらせ、鉄拳制裁もあったらしい。それでも黙って耐えるチソンが不憫でならなかった。それで体に良いという食材を全国から取り寄せて食べさせたんだ。一番食わせたのは、昔から栄養食と知られているカエル。食用カエルを煮込んだスープをしょっちゅう飲ませたよ」

しかし、それでも身長がなかなか伸びない。やがて、ピッチ上でも目立たない存在になりつつあった。

転機となったのが、水原工業高校への入学だった。

最初はソウルのサッカー名門校・正明《ジョンミョン》高校への進学を志望した。しかし父は「大きな集団の一員より、小さな集団のトップになれ」と説得、サッカー新興校を選ばせたのだ。彼はそこで、今でも慕って頻繁に連絡を取り合う恩師に出会った。

李学種《イ・ハッジョン》。１９９２年から１９９５年まで、当時ＪＦＬのコスモ石油でもプレーした元韓国代表選手だ。

日本で現役を引退し、韓国に戻ってすぐに水原工業高校の監督になった彼は、朴智星の第一印象を、今でもハッキリと覚えていた。

「基本技術が正確でセンスがあり、吸収も早かった。ひとつ教えればすぐにマスターして、さらに応用できる子だったね。ただ体が小さく、風が吹けば飛んでしまいそうなほど細かった。それで1年間は寮を出て自宅通学しながら、体作りに専念するよう指示したんだ。自宅ならたくさん食べられるし、たっぷり睡眠も取れるからね」

しかし、朴智星と父は激しく落胆する。寮を出ろということは死刑宣告と同じだと感じたのだ。

「父子からは見捨てないでほしいと懇願されたよ。でも技術のベースはあるから、しっかりと体を作った後で、戦術感覚や駆け引きを習得しても遅くはないと説明したんだ」

そんな李学種の指示で体作りに励んだ朴智星は、高校2年が終わる頃、ついにレギュラーの座を掴み、飛躍的な成長を遂げる。「智星館」と名づけられた寮の玄関口で、かつて朴智星も走ったグラウンドを眺めながら、李学種は教えてくれた。

「あの当時は私もまだ若く、生徒たちと一緒にミニゲームや練習試合をすることが多かったのだが、チソンは図抜けてうまかったよ。パスやドリブルのタイミングが的確で、味方の動きもよく見えていたし、判断も正確で早かった。本人は私のプレーを真似ているだけだと謙遜していたが、サッカーの書籍や雑誌を読み漁って、いろいろと研究もしていたと思う。当時のチソンが憧れた選手を知っているか？　意外なことに、ブラジルのドゥンガなんだよ。華やかなプレーで目立つよりも、チームの勝利に貢献できる選手、チームに必要とされる選手でありたいというのが、あの頃のチソンの口癖だった」

李学種が忘れられないのは、朴智星が高校3年生の春に挑んだ、大統領杯での出来事だ。

水原工業高校は、準々決勝で現韓国代表の李天秀《イ・チョンス》と崔兌旭を擁する名門、富平《プピョン》高校と対戦。前半で2失点を喫したが、後半に追いつき最後はPK戦で勝利を飾った。

「実はハーフタイムにロッカールームで、イレブン全員に平手打ちをしたんだ。力があるのに、相手を必要以上に怖れ弱腰になっている生徒たちが、もどかしくてね。でも私もさんざん殴られて育ったクチだから、後味が悪かった。そんな私に、チソンは何て言ったと思う? 〝監督のカツで目が覚めました〟と言ったんだ。そのけなげな眼差しを見た時、自責の念が湧いてくると同時に、この子たちを何としても大学に入れてあげなくてはと思った。それで先輩や知人のツテを頼って売り込んだ。でも、チソンの進路だけはなかなか決まらなかった」

実績がなかったわけではない。ユース代表にも、それに漏れた者が選ばれる学生代表にもたしかに選出されたことはなかったが、攻撃的MFとして、決して名門校ではなかった水原工業高校を韓国高校サッカー界のメジャータイトルのひとつ、大統領杯3位に導いた。全国国民体育祭でも優勝した。

それでも首都圏の有名大学はもちろん、地方の中堅大学ですら興味を示してくれなかった。それならばと、地元のKリーグクラブ、水原三星《スウォン・サムソン》の2軍入団テストも受けたが、そこでも不合格の烙印を押されてしまった。

なぜそれほどまでに当時の朴智星の評価は低かったのか。李学種は韓国サッカー界の既存価値観が原因だったと考えている。

「サッカー選手に必要なのはパワー、フィジカル、スピード。そんな固定観念が韓国にはあったし、今も根強い。その価値観に照らし合わせれば、1メートル70センチ台のチソンは戦力にならない。失格だった」

そんな厳しい現実を、朴智星はどう受け止めていたのか。朴成鍾は語る。

「文句も不満も言わず黙って練習を続けていたが、内心では相当に悔しかっただろうし、不安だったと思う。〝アボジ（オヤジ）、鶏肉料理屋も儲かるらしいよ〟と、高校卒業後に働くことを匂わせたこともある。そんな時、突然の朗報が届いたんだ」

連絡してきたのは、中堅の明知《ミョンチ》大学だった。一人欠員が出た特待生枠を埋めねばならないので、朴智星をスカウトしたいと申し出てきたのだ。

そして、そこから彼のサクセスストーリーが幕を開けた。

入学前の春休みに明知大学の合宿に参加した朴智星は、そのまま韓国五輪代表との練習試合に急遽駆り出され、当時の代表監督だった許丁茂《ホ・ジョンム》にそのテクニックの高さと可能性を買われて18歳ながら五輪代表入り。

そして、その1年後に京都パープルサンガからスカウトされる。

불법주정차
무인단속중

右／2006年W杯を前に、ソウルの街は朴智星の広告で溢れた
左／母校、水原工業高校に残されている記念品

大学卒業という学歴を得ることを願っていた父は日本行きを猛反対したが、息子は切実な口調でこう言った。

「アボジ、日本は学歴も体の大きさも問われない。実力さえあれば、それを正当に評価し認めてくれる国らしいんだ。だから、僕は日本に行きたい。Ｊリーグでプロになる」と——。

その後の朴智星については周知の通りである。

だが、彼の足跡をたどる取材を終えて改めて感じたのは、そのたくましさだ。

少数精鋭のエリート教育と徹底した勝利至上主義。そして、パワー重視のサッカー観。力のない者は容赦なく切り捨てられていく過酷な生存競争の中で揉まれ、一度はそのエリート路線から弾かれた。しかし彼はくじけなかった。諦めなかった。それどころか、今では韓国の常識をことごとく打ち壊している。

パワーよりもテクニック。学歴よりもプロ。そして目指すは海外、世界のステージ。

大学からもプロからも相手にされなかった韓国人初のプレミアリーガー、朴智星。

彼が国民から愛され支持される理由は、その挑戦が、韓国サッカー界に新しい価値観を示しているからなのかもしれない。

朴智星

PARK Jisung

81年2月25日、韓国、水原生まれ。明知大学在籍時に、19歳で京都パープルサンガに入団。その後オランダのPSVを経て、05年にマンチェスター・Uに移籍。韓国代表としては、00年4月にデビュー。02年と06年のW杯に出場し、02年大会では韓国のベスト4進出に大きく貢献した。

Kazuhito Yamada / KAZ PHOTOGRAPHY

＊初出
本書は「ＳＰＯＲＴＳ　Ｙｅａｈ！」誌上にて掲載された
「ザ・ルーツ～フットボーラーたちの原点」「彼らの生まれし場所」などに、加筆・修正を加えたものです。

〈著者紹介〉

小宮良之／1972年、神奈川県横浜市生まれ。2001年からスペイン・バルセロナに移住し、欧州サッカーを中心に取材し、数々のサッカー専門誌、スポーツ誌に寄稿。トリノ五輪、ドイツW杯を取材後、日本に活動拠点を移し、ノンフィクションライターとして幅広い活動を展開する。著書に「大久保嘉人の挑戦」（角川書店刊）などがある。

木崎伸也／1975年、東京都生まれ。2002年夏より、スポーツ新聞の通信員としてオランダ・ロッテルダムへ渡り、北部ヨーロッパを中心に取材活動を開始。2003年からドイツに拠点を移し、高原直泰を密着取材。近著に金子達仁氏、戸塚啓氏との共著、「敗因と」（光文社）がある。

出村謙知／1964年、北海道札幌市生まれ。1991年末よりパリに在住し、サッカー、ラグビー、アイスホッケーを中心にフォト・ルポルタージュを手掛ける。現在は年に10回ほど、日本と欧州を往復する生活を送る。共著に「ラグビー最前線」「ラグビー百年問題」、写真著書に「英国パブの誘惑」（いずれも双葉社）などがある。

慎　武宏／1971年、東京都生まれ。在日コリアン3世。スポーツライターとしてさまざまな雑誌に韓国サッカー関連の記事を寄稿。著書に「WITH KOREA！ワールドカップ成功への道」（廣済堂出版）、「ヒディンク・コリアの真実」（TBSブリタニカ）、訳書に「LIBERO 洪明甫自伝」（集英社）がある。